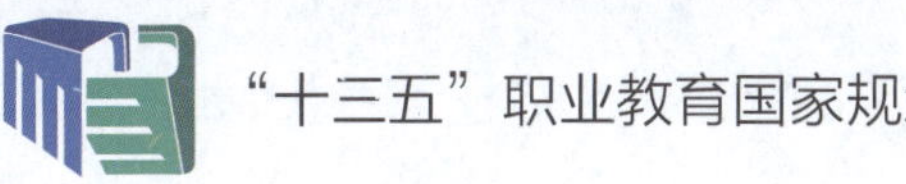

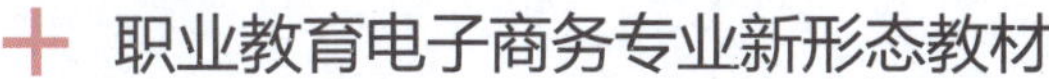

+ WANGDIAN ZHUANGXIU

网店装修

第二版

主　编　罗　颖　任小琼
副主编　柴玉娥　熊传红　李希梅
参　编　李　娟　申　智　郑小雪
杜　建　张春艳　龚孟春
卢　英　明平礼　吴德林
胡　琦　彭　翔

重庆大学出版社

图书在版编目(CIP)数据

网店装修 / 罗颖，任小琼主编. --2版. --重庆：
重庆大学出版社，2022.12
职业教育电子商务专业新形态教材
ISBN 978-7-5689-0640-1

Ⅰ.①网… Ⅱ.①罗… ②任… Ⅲ.①网站—设计—
职业教育—教材 Ⅳ.①F713.361.2
②TP393.092

中国版本图书馆CIP数据核字(2022)第015872号

职业教育电子商务专业新形态教材

网店装修

第二版

主 编 罗 颖 任小琼

责任编辑：章 可 版式设计：尹 恒

责任校对：刘志刚 责任印制：赵 晟

*

重庆大学出版社出版发行

出版人：饶帮华

社址：重庆市沙坪坝区大学城西路21号

邮编：401331

电话：(023) 88617190 88617185(中小学)

传真：(023) 88617186 88617166

网址：http://www.cqup.com.cn

邮箱：fxk@cqup.com.cn（营销中心）

全国新华书店经销

重庆天旭印务有限责任公司印刷

*

开本：787mm×1092mm 1/16 印张：9.5 字数：227千

2017年9月第1版 2022年12月第2版 2022年12月第4次印刷

ISBN 978-7-5689-0640-1 定价：43.00元

WANGDIAN ZHUANGXIU

QIANYAN

前言

在网络经济时代，顾客的注意力成为最稀缺的资源，如何吸引顾客的注意力成为电子商务的重要内容。因此，网店装修成为目前吸引顾客注意力的最主要手段。随着电子商务市场竞争的加剧，网店的装修越来越被广大网店主所重视。

本书以虚拟化的人物为主线，以“项目→任务→活动”的方式展开教学，共有7个项目，16个任务。本书以“乐享办公用品旗舰店”和“宜购生活用品旗舰店”两家网店的装修为主干，内容涵盖了网店装修前的准备工作，店标、店招、导航、海报、商品主图、商品详情页的设计与制作，网店发布等方面的知识和技能。

本书特色：

1.教学内容项目化：采用项目式教学，全书按照淘宝网店的页面构成将网店装修细分成7个子项目，项目中的每个任务与实践相结合，通过具体任务的完成，引出相关知识点，避免直接从理论讲解开始的传统学习模式。

2.教学目标明确：每个项目有三维目标和检测标准，使教与学有明确的目标和要求，有利于推动教学内容的逐步展开。

3.学习角色化：本书采用建立在职场需求上的情景化教学，为学习者创设了真实的工作情景，使学校与职场零距离，学习者成为职场人，有利于学生的学习和成长。

4.本书配套资源丰富，有电子教案、课件、素材、微课等可供使用（重庆大学出版社网站下载）。同时，通过二维码扫码观看的方式，使操作步骤更为直观，扩展的知识内容更加丰富。

本书由罗颖、任小琼任主编，柴玉娥、熊传红、李希梅任副主编。参与编写的老师还有李娟、申智、郑小雪、杜建、张春艳、龚孟春、卢英、明平礼、吴德林、胡琦、彭翔。

编者在对本书进行修订时，先后到重庆本酷科技发展有限公司、重庆冠致电子商务有限公司、重庆网爵科技有限公司、浙江义乌飞来电子商务有限公司等进行调研活动，学习最新的网店装修技术，并邀请企业专家对教材内容进行审核。重庆渝猫科技有限公司总经理李科、重庆邓氏厨具制造有限公司电商总监郭世川对教材内容提供了技术指导和案例。

由于作者水平有限，时间仓促，书中难免有疏漏之处，敬请广大读者批评指正。

编　者
2021年12月

WANGDIAN ZHUANGXIU

MULU

目录

项目一
网店装修前的准备工作

【项目概述】

乐享有限责任公司成立于2010年，是一家生产、销售办公用品及生活用品的公司。面对激烈的市场竞争，公司负责人想提升销量，开拓网络销售渠道，于是招贤纳士，招了一批刚毕业的学生专门负责网店的经营和管理。公司负责人决定首先在淘宝网上开设经营办公文具的“乐享办公用品旗舰店”和经营生活用品的“宜购生活用品旗舰店”。公司任命美工部王力部长为新进职员李东的师傅，让李东全程跟着王力师傅一边学习一边完成“乐享办公用品旗舰店”的装修工作，熟悉网店美工岗位的工作流程。王力告诉李东，在学习网店装修之前必须要了解相关的理论知识，如网店装修的意义、PC端网店的结构、网络购物的特点及网店色彩搭配技巧等。

【项目目标】

知识目标

+ 了解个人店铺和企业店铺的区别；
+ 了解网店装修的意义；
+ 了解网店页面的结构；
+ 掌握颜色的搭配技巧。

技能目标

+ 能够在淘宝网上申请个人店铺；
+ 能够运用配色库进行网店的色彩搭配；
+ 能够识别颜色并感知颜色表达的意义。

思政目标

+ 培养学生的色彩感知能力；
+ 培养学生细致耐心的工作态度。

[任务一]

NO.1

申请店铺

◆ 任务描述

李东查阅资料后了解到目前电商平台的网店可分为个人店铺和企业店铺。“乐享办公用品旗舰店”应申请个人店铺还是企业店铺呢?王力将带领李东了解这两种网店的申请过程,以便接下来更好地开展网店装修工作。

◆ 任务实施

创建网店是在电商平台上销售产品的第一步,开店前需要准备好计算机、网络设备等硬件设备,再选择合适的电商平台申请网店,如京东、淘宝、拼多多等。申请网店的基本流程如图1-1所示。

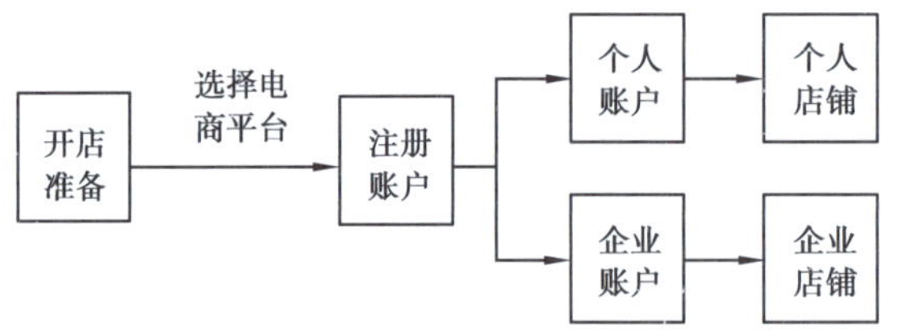

图 1-1　申请网店流程

活动一　申请个人店铺

公司决定“乐享办公用品旗舰店”选择在淘宝电商平台申请为个人店铺。淘宝网规定,凡年满18周岁未满65周岁、办理了本人身份证且具有持本人身份证办理的银行卡、了解电子商务模式及运作原理、有网络营销意识的公民,均可在淘宝网站上申请开店。淘宝网站申请个人店铺主要有以下4个流程,如图1-2所示。

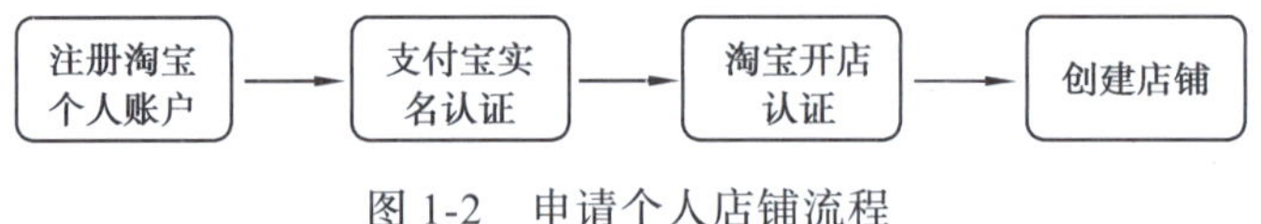

图 1-2　申请个人店铺流程

一、注册淘宝账号

①在浏览器地址栏中输入淘宝网址(www.taobao.com),单击“免费注册”按钮,阅读“注册协议”,单击“同意协议”按钮,进入设置页面,如图1-3所示。

②设置用户名。填写本人电话号码,在验证处拖动滑块。验证通过后单击“下一步”按钮,如图1-4所示,再输入“淘宝网站”发送的短信验证码,如图1-5所示。

淘宝网
Taobao.com
用户注册
1 设置用户名
2 填写账号信息
3 设置支付方式
注册成功
中文 | English
注册协议
如您对协议有任何疑问，可向平台客服咨询。
《淘宝服务协议》
《法律声明及隐私权政策》
《支付宝服务协议》
同意协议

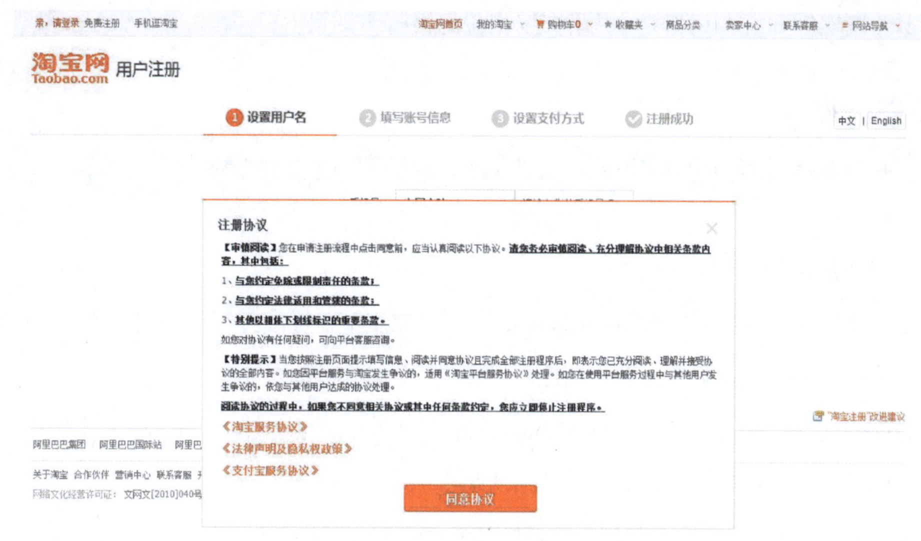

图 1-3　同意协议

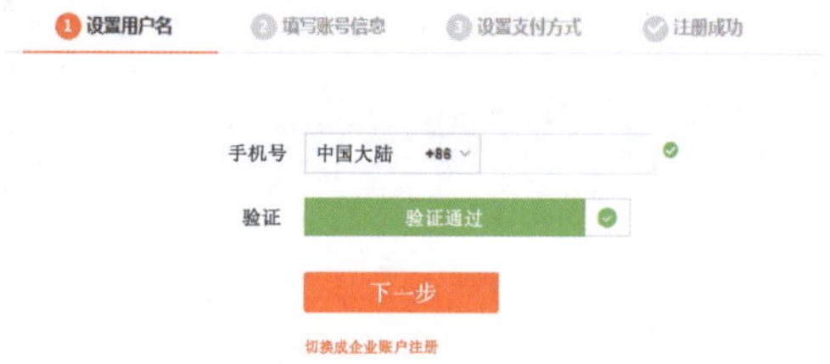

1 设置用户名
2 填写账号信息
3 设置支付方式
注册成功
手机号
中国大陆
+86
验证
验证通过
下一步
切换成企业账户注册

图 1-4　设置淘宝用户名

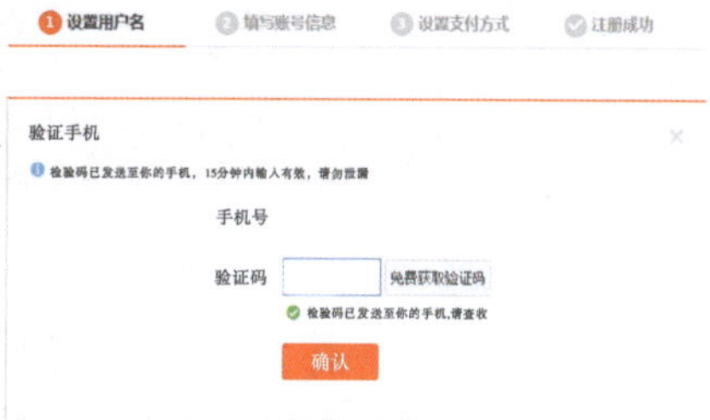

1 设置用户名
2 填写账号信息
3 设置支付方式
注册成功
验证手机
手机号
验证码
免费获取验证码
确认

图 1-5　输入验证码

③填写账号信息，如图1-6所示。

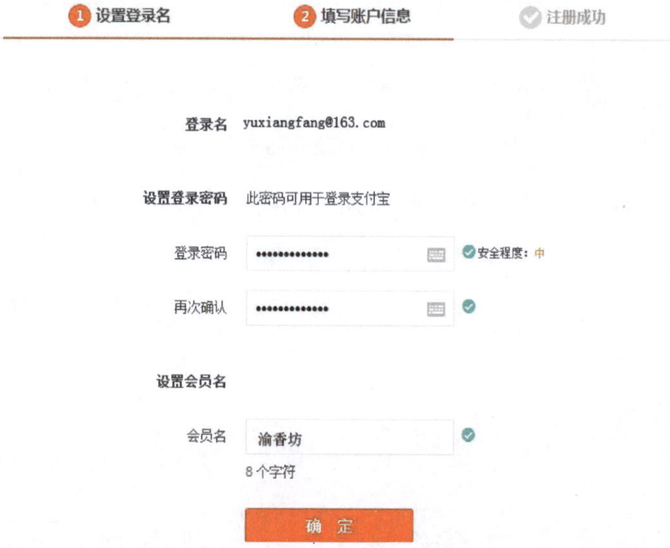

1 设置登录名
2 填写账户信息
注册成功
登录名 yuxiangfang@163.com
设置登录密码 此密码可用于登录支付宝
登录密码
安全程度：中
再次确认
设置会员名
会员名
渝香坊
8 个字符
确 定

图 1-6　设置账号和登录密码

④设置支付方式。按照网页提示绑定相关的银行卡即可。

做一做

请同学们尝试使用邮箱申请个人店铺账号，并描述操作步骤。

二、注册支付宝账号

支付宝是资金划转的中转站，支付宝账号可以使用手机号或邮箱作为用户名。下面以使用手机号码注册支付宝账号为例介绍注册支付宝账号的流程。

①打开支付宝官方网站（www.alipay.com），单击“立即注册”按钮，进入支付宝注册页面填写手机号码和短信验证码，如图1-7所示。

图 1-7　填写支付宝账号的用户名

②设置身份信息。设置安全的登录密码及支付密码，如图1-8所示。

③设置支付方式。需要填写用本人身份证办理的银行卡信息，进行验证后与支付宝关联，从而确定了资金存取的渠道，即支付宝从何处提取资金以及支付宝的资金转入何处，如图1-9所示。

创建账户　设置身份信息　设置支付方式　成功

为了给你提供更好的支付和金融服务，你需要填写的身份信息享受会员保障服务。
身份信息一经录入不可更改，隐私信息未经本人许可严格保密。

支付宝账户名

设置登录密码　登录时需验证，保护账户信息

登录密码

再输入一次

设置支付密码　交易付款或账户信息更改时需输入（不能与淘宝或支付宝登录密码相同）

支付密码

再输入一次

设置身份信息　请务必准确填写本人的身份信息，注册后不能更改，隐私信息未经本人许可严格保密

图 1-8　设置账号登录密码及支付密码

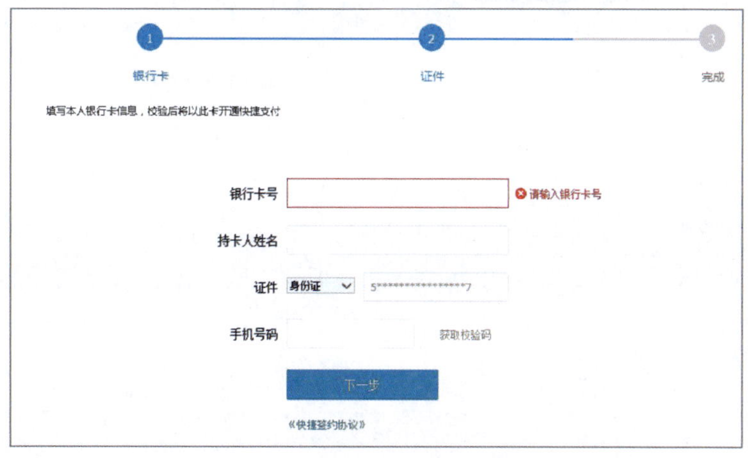

图 1-9　设置支付信息

阅读有益

支付宝的安全性

最初，支付宝作为淘宝网提供的第三方担保交易平台，由买家将货款转入支付宝账号，淘宝网站通知卖家发货，买家收到商品后确认收货，淘宝网站再将货款转给卖家，至此完成交易。而现在支付宝具有非常强大的功能，到2020年，支付宝已经具有透支消费、网上银行、货到付款、线下支付、退税服务、扫码秒付等多种支付方式。

支付宝有两个密码（登录密码和支付密码），它们是保障支付宝账号安全的两把钥匙。登录密码是用户打开支付宝账户的钥匙，而支付密码则是用户确认支出资金的钥匙，登录密码与支付密码作为账号的双重保险，增加了账号的安全性。

YUEDUYOUYI

三、完成支付宝认证和淘宝开店认证

有了淘宝账号和支付宝账号后，淘宝网站需要确认注册信息是否与本人信息相符，即进行本人身份实名认证。

①打开淘宝首页（www.taobao.com），登录淘宝账号，进入“千牛卖家中心”，单击“开店入驻”按钮，如图1-10所示。

图 1-10　淘宝首页

②单击“淘宝开店”下的“0元开店”，单击“个人商家”下的“去开店”按钮，如图1-11所示。

③这里可以看到，如果要成功开店，需要完成两项认证：支付宝实名认证和淘宝开店认证，如图1-12所示。

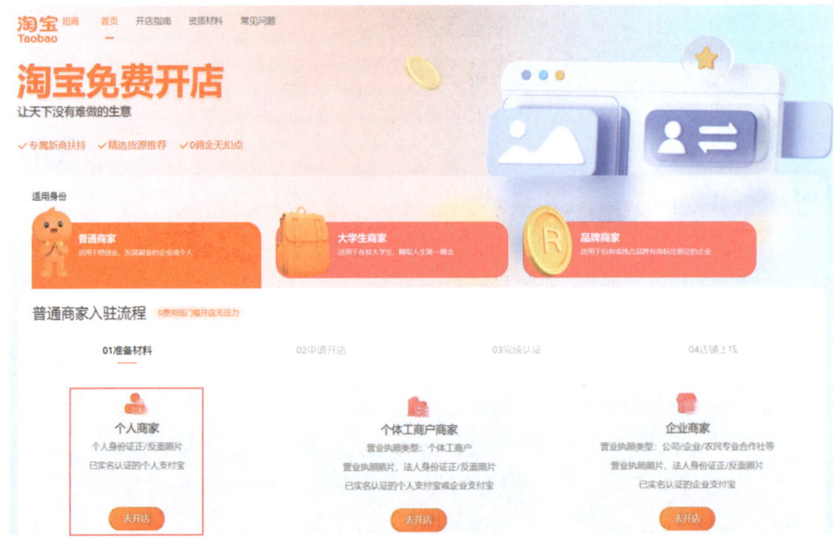

图 1-11　卖家中心

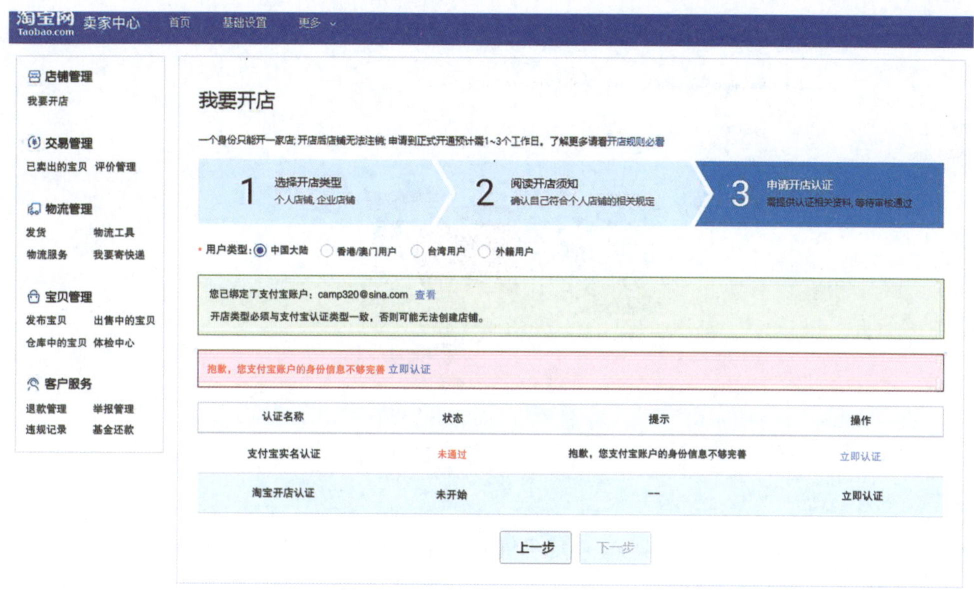

图 1-12　身份认证

④完成支付宝实名认证需上传本人身份证正、反两面的照片，并填写证件的有效期，如图1-13所示。

图 1-13　支付宝上传证件照片

⑤完成淘宝开店认证需要通过手机完成。单击“立即认证”后，在身份认证页面中使用手机淘宝客户端扫码进行认证，如图1-14所示，需验证手机号，填写联系地址，拍摄证件照片。

图 1-14　使用手机淘宝客户端进行认证

四、创建网店

①完成信息填写后提交审核申请。

②提交后的申请将于3天左右审核通过，创建网店成功。

做一做

电商平台的发展日新月异，网上开店的规则和流程经常都在发生变化，请同学们上网查询当前淘宝网上申请个人店铺的流程。

活动二　申请企业店铺

如果要在淘宝上申请一个企业店铺，则必须先申请一个淘宝企业账号。以该企业账号登录淘宝后，才有资格申请企业店铺，如图1-15所示。

图 1-15　申请企业店铺

如果要开店成功，还需要如下证件：企业营业执照照片或彩色扫描件、组织机构代码证照片或彩色扫描件、对公银行账号（基本账号、一般账号均可）、法定代表人的身份证彩色扫描件或照片。申请企业店铺的操作流程如图1-16所示。

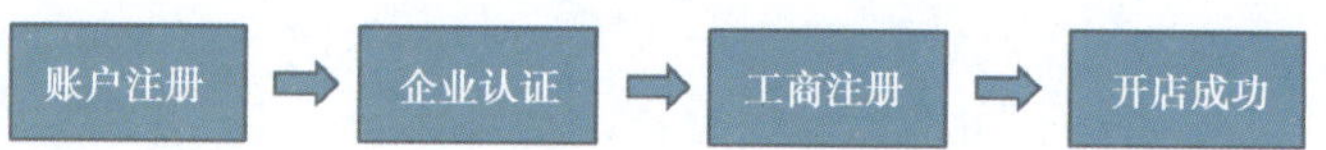

图 1-16　申请企业店铺的流程

做一做

请同学们上网查询当前淘宝网上申请企业店铺的流程。

阅读有益

淘宝企业店铺与个人店铺的区别

申请企业店铺需要企业营业执照等证件，一个营业执照只能开一家企业店铺；申请个人店铺只需要身份证即可，并且一个身份证可以申请多个个人店铺。“乐享办公用品旗舰店”是总公司旗下的一个子网店，总公司已经有自己的企业店铺，所以将为“乐享办公用品旗舰店”申请个人店铺来销售商品。

淘宝企业店铺在功能上优化了开店的流程，能够更快捷地开店，在前台展示上，有订制的网店套头和宝贝详情页，搜索、下单页、购物车、已买到的宝贝、企业店铺的标识也是全链路展现，使消费者能一目了然地知道这是企业店铺。企业店铺在商品发布数量、橱窗位的数量、旺旺子账号的数量等方面都有一定的权益。在直通车上报名，对企业店铺的信用等级要求也更低。企业店铺的信息页面如图1-17所示。

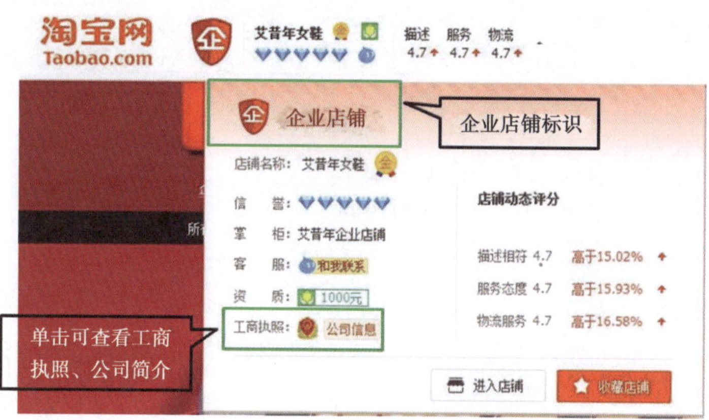

图 1-17　企业店铺的信息页面

YUEDUYOUYI

快乐成长

签署开店相关协议

当商家认证成功后，还要和电商企业签订相关的协议书，包括“诚信经营承诺书”“淘宝服务协议”“支付服务协议”“买家保障服务协议”。

诚信经营承诺书：为了推动社会信用体系建设，弘扬诚信传统美德，以守信激励和失信约束为经营理念，营造优良的信用环境和公平竞争、规范有序的市场环境，树立诚信经营的良好形象，争做诚信经营者。

淘宝服务协议：该协议由商家与浙江淘宝网络有限公司共同缔结，具有合同效力。协议内容包括协议正文及所有淘宝已经发布的或将来可能发布的各类规则。

支付服务协议：支付服务协议是支付宝（中国）网络技术有限公司、淘宝平台经营者、集分宝南京商务服务有限公司与用户就支付服务、集分宝服务、互联网支付服务的使用事项所订立的有效协议。

买家保障服务协议：指在按该协议提出申请，并经淘宝接受其申请后，用户根据该协议及淘宝网其他公示规则的规定，按其选择参加的买家保障服务项目，就其通过淘宝网这一电子商务平台发布出售信息并利用支付宝服务向其他淘宝用户出售的商品，向买家提供的相应的售后服务。买家保障服务是用户向买家提供的服务，用户是该服务的责任者，淘宝不是相关的责任者。

KUAILECHENGZHANG

◆ 任务拓展

1.淘宝店铺分为____________和____________。

2.如果个人想在淘宝网上开网店，但是没有营业执照，可以申请____________。

3.申请个人店铺主要有以下4个流程，正确的顺序是（　　）。

①淘宝开店认证　　②支付宝实名认证

③注册淘宝个人账户　　④创建店铺

A. ①②③④　　B. ③②①④

C. ①②③④　　D. ①③②④

4.在淘宝网上申请个人店铺时，不需要进行本人身份实名认证。（　　）（判断）

5.在淘宝网上申请个人店铺时，需要本人手持身份证照相。（　　）（判断）

6.在淘宝网上申请企业店铺时，不需要企业的营业执照。（　　）（判断）

7.淘宝个人店铺与淘宝企业店铺在申请流程上没有区别。（　　）（判断）

8.淘宝个人店铺与淘宝企业店铺在店铺首页的显示内容上没有区别。（　　）（判断）

[任务二]

NO.2

初识网店装修

◆ 任务描述

成功开店以后，即将开始装修店铺，王力先给李东布置了一个任务：上网查阅相关资料，对网店装修的目的以及网店的基本结构有一个大致的了解。李东欣然接受了这个任务。

◆ 任务实施

活动一　了解网店装修的意义

网店装修对于淘宝网商家来说一直是个热门话题，在装修的意义、目的上一直存在着众多的观点，然而无论是一个实体店面还是一个网店，作为一个交易场所，其装修的目的就是促进交易的进行，如图1-18所示。

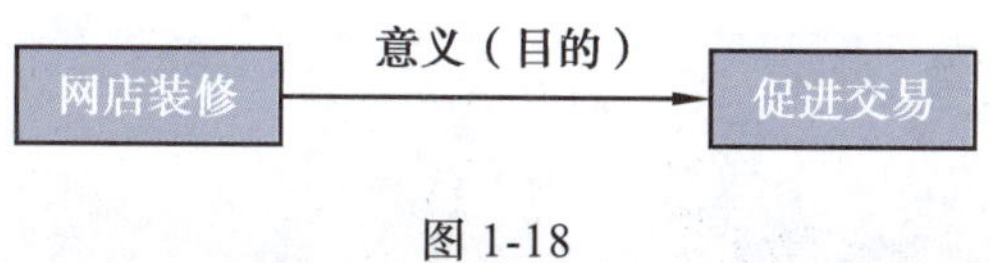

图 1-18

网店的装修与实体店的装修有异曲同工之妙，都是为了让店铺变得更美，从而吸引更多的顾客，为商家带来更多的销量。对于网店来讲，装修精美的页面对提高店铺商品的销售量有非常重要的作用，因为顾客只能从网店页面的文字和图片来了解店家及所销售的商品。

网店装修是网店运营中的重要环节，网店设计的优劣，直接影响顾客对于网店的最初印象。首页、商品详情页设计得美观，顾客才会有兴趣继续了解商品，进而被详细的描述和良好的评价所打动，才会产生购买欲望并下单。

【比一比】对比图1-19和图1-20，你更喜欢哪一张图片呢？请简要说明原因。

图 1-19　图片 1

图 1-20　图片 2

活动二　熟悉网店的结构

随着智能手机的普及，越来越多的人喜欢使用手机端登录购物网站购买商品，但手机屏幕和计算机屏幕的大小不同，网店页面的显示侧重点也有区别，所以手机端和PC端的网店结构存在差异，下面主要以PC端网店为例，讲解网店的结构。PC端网店主要由首页、商品详情页两大部分构成，而每个页面中板块的设置可以根据自己的需求自由确定。

一、首页

网店的首页也就是顾客进入网店时所看到的第一个页面，它主要包括网店的店招、页面导航、商品海报、商品展示区、左侧展示区域、页尾区域等，如图1-21所示。

图 1-21　某网店的首页

二、商品详情页

网店的商品详情页就是每件商品的详细介绍页面，它主要包括网店的商品主图、商品信息区、商品推荐、商品详情信息区等，如图1-22所示。

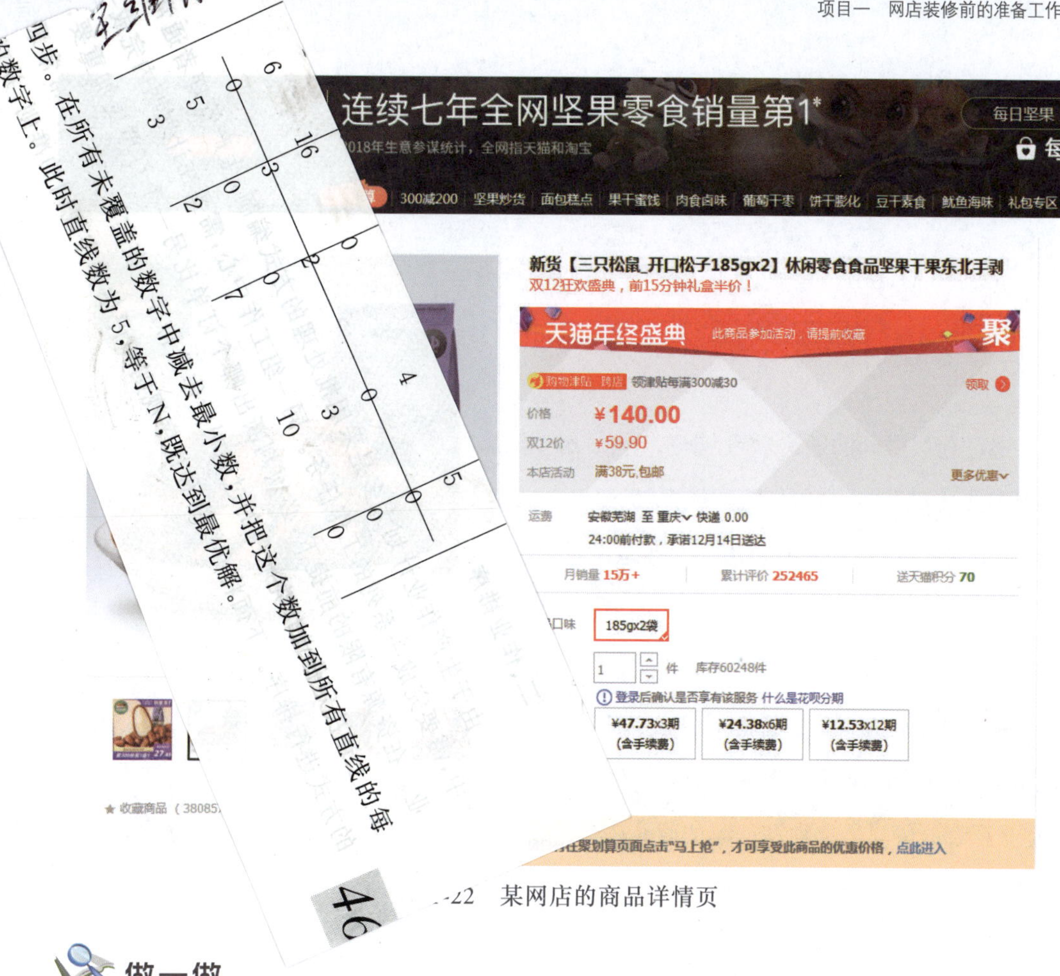

-22　某网店的商品详情页

做一做

请同学们讨论首页和商品详情页的作用。

◆ 任务拓展

1.以下属于网店首页的内容是（　　）。

A.商品海报　　B.主图　　C.商品信息　　D.评价信息

2.网络店铺首页一般包括以下哪些内容？（　　）（多选）

A.店招　　B.页面导航　　C.海报　　D.商品展示区

3.网络店铺的基本结构包括（　　）。（多选）

A.店标　　B.店招　　C.海报　　D.导航

4.网店可以只要首页，不要商品详情页。（　　）（判断）

5.网店PC端页面的显示和手机端页面的显示有区别。（　　）（判断）

6.请同学们在淘宝网上任意选择一个网店，分别指出该网店的首页、页面导航、海报、商品主图、商品详情页、交易信息、评价信息等内容。

[任务三] NO.3

确定网店风格及配色

◆ 任务描述

通过前段时间的理论学习，李东已经了解了网店装修的一些基础知识。现在王力师傅让李东尝试着为“乐享办公用品旗舰店”设计一种适合的风格及配色。于是李东又开始了关于网店风格及页面色彩搭配的学习，争取设计出一个让师傅满意的网店页面。

◆ 任务实施

网店风格是指网店的整体形象给浏览者的综合感受，它包括网店的标志、色彩、字体、标语、版面布局、文字等诸多因素。带有风格的网店与普通网店的区别在于：在普通网店中，顾客看到的只是堆砌在一起的商品信息和促销信息，而带有风格的网店能够将店铺和商品的特色迅速传递给顾客，激发顾客的购买欲望。

活动一　选择网店风格

网店风格就像一个人的内在性格，商品就像这个人的所有行为，内在的性格会决定一个人的种种行为。顾客去网店购物，首先会考虑这家网店跟自己的风格是否相符合，如果跟自己的风格格格不入，即使有一款商品符合自己的需求，也很难激发购买欲望。所以商家需要确定自己网店的风格。网店风格最重要的作用是实现老顾客的商品复购，如图1-23所示。

图 1-23　网店风格的作用

顾客通过搜索到一款产品进入网店进行购买，这个时候发现网店风格与产品的风格非常符合，而看过商品的详细介绍和用户评价后，确定该商品能够满足顾客本身的需求，那么顾客对该网店会产生一定的信赖感，也更能记住这是哪种风格、主要销售哪类商品的网店，从而增加顾客的回头率。

网店风格通常是根据其面向的消费群体决定的。网店的消费群体可按消费者的消费能力和消费风格分类，如图1-24所示。

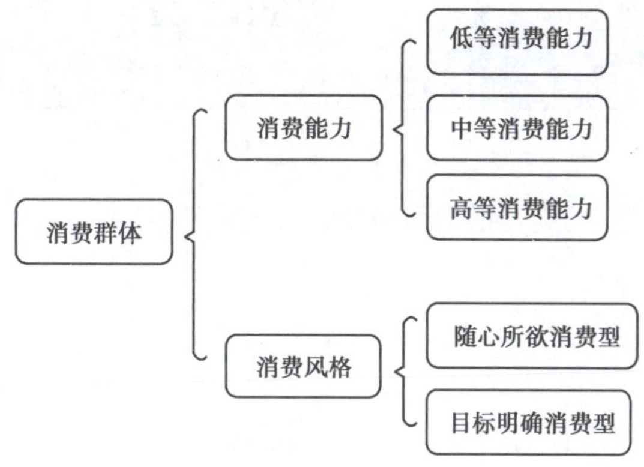

图 1-24　消费群体分类

例如，食品类网店的消费群体大部分为年轻人，这类网店的风格应颜色鲜艳，刺激顾客的味蕾，如图1-25所示；儿童产品类网店的消费群体大部分为年轻的妈妈们，这类网店的风格应色调淡雅，页面中的人物生动活泼可爱，如图1-26所示；五金产品类网店的消费群体大部分为年轻男性，这类网店的风格应稳重内敛，体现商品的专业性，如图1-27所示。

图 1-25　坚果食品网店海报

图 1-26　婴幼儿用品网店海报

图 1-27　厨卫用品网店海报

最理想的设计风格定位是网店的风格独特，顾客只看到其中一页，就能分辨出是哪个网店。

 做一做

上网搜索几种不同风格的网店，试比较它们的差异。

活动二　选择网店配色

网店的配色不仅要美观，更要和商品的特点协调，这样才能更好地突出商品，促使顾客购买。下面列举几种网店常用的色系。

- 红色系：由于红色容易引起人的注意，在各种媒体中被广泛使用，具有较突出的明视效果，能够让人感觉到活力，常用在女装、化妆品、美食、服务等类商品的网店配色中，如图1-28所示。

图 1-28　红色系网店

- 绿色系：绿色会传达出清爽、理想、希望，常用在珠宝、盆栽、户外用品、鲜花等类商品的网店配色中，如图1-29所示。
- 蓝色系：由于蓝色沉稳的特性，具有理智、准确的意象，强调科技和效率，常用在数码产品、汽车用品等类商品的网店配色中，如图1-30所示。

图 1-29　绿色系网店

图 1-30　蓝色系网店

● 紫色系：紫色具有强烈的女性化特点，其使用也受到一定限制，常用在主要面向女性消费者的网店中，如图1-31所示。

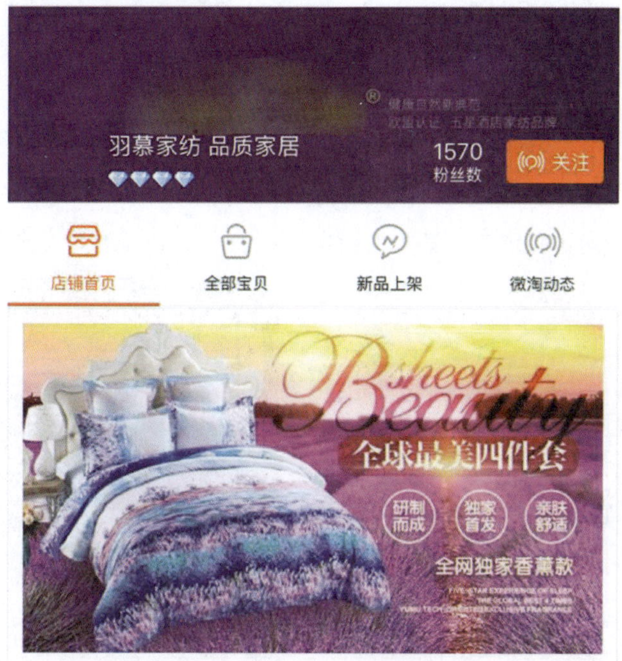

图 1-31　紫色系网店

● 白色系：白色具有干净的意象，通常需和其他色彩搭配使用。纯白色会带给人寒冷、严峻的感觉，所以一般在白色中都会掺一些其他的色彩，形成象牙白、米白、乳白、苹果白等。白色常用在生活用品、食品等类商品的网店配色上，如图1-32所示。

● 灰色系：灰色具有柔和、高雅的意象，而且属于中间色，男女皆能接受，所以灰色也是永远流行的主要颜色之一，常用在鞋帽、箱包等类商品的网店配色中，如图1-33所示。

图 1-32　白色系网店

图 1-33　灰色系网店

说一说

对比下列两种网店的配色方案（见图1-34和图1-35），试分析各自的特点。

图 1-34　床上用品网店首页 1

图 1-35　床上用品网店首页 2

阅读有益

使用色彩搭配工具

配色库是一款帮助用户进行颜色搭配的手机应用软件。

默认情况下，它提供了紫色、红色、绿色、时尚、家居5个风格的配色参考，如图1-36所示。

用户也可以在搜索栏输入需要的配色关键字，如“黄色”，如图1-37所示。

然后在下拉列表中会显示与黄色有关的栏目供用户选择，如选择“秋天，黄色”，界面将显示出和关键字“秋天，黄色”有关的所有配色列表，如图1-38所示。

用户可以根据网店的风格输入关键字查找配色列表，从中方便地选择适合的搭配方案。

图 1-36　配色库界面

图 1-37　搜索黄色

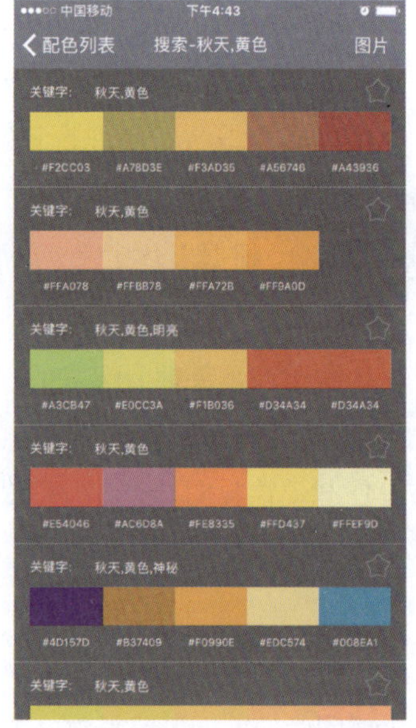

图 1-38　配色库“秋天，黄色”界面

YUEDUYOUYI

做一做

请同学们登录各大电商平台，归纳出以下几种常用商品所适合的网店风格及色彩。

商品种类	网店风格	色彩选择
服装类（女装、男装）		
家电类		
化妆品类		
电子产品类		
美食类		
办公类		
汽车类		

李东决定选择暖色系的黄色作为“乐享办公用品旗舰店”的主要颜色。黄色给人轻快、充满希望和活力的感觉，购买办公用品的人群主要是年轻人，刚好适合他们的年龄特征。

◆ 任务拓展

1.网店整体色调是指网店的____________，是网店装修的大致色彩效果。

2.常用的色彩搭配工具有____________。

3.一般情况下，以下不属于红色的寓意是（　　）。

A.刺激　　B.战争　　C.时尚　　D.冷酷

4.视觉标志是激发品牌视觉感知的一种识别体系，通过给消费者更具体、更可感的形象记忆，帮助其更好地识别、记忆品牌。视觉标志一般包括标志物、标志字、标志色和标志包装4个部分。根据上述定义，下列不属于视觉标志的是（　　）。

A.可口可乐图标中的红色

B.奔驰汽车类似方向盘的图形标志

C.“今年过节不收礼，收礼还收脑白金”的广告宣传语

D.脉动饮料的“脉动”标志

5.为了凸显女装的“小清新”风格，店铺的装修颜色可以浅色系（如白色、淡绿色）为主。（　　）（判断）

6.淘宝网为店主提供了很多网店模板，都是免费使用的。（　　）（判断）

7.请同学们上网了解当前电商平台上流行的网店风格和色彩。

8.乐享有限责任公司还将开设另一个名为“宜购生活用品旗舰店”的网店，请试着给这个网店选择一种合适的风格及色彩，并简要说明原因。

［任务四］

NO.4

使用网店模板

◆ 任务描述

李东问师傅：“现在网店已经申请成功，那是不是可以直接将宝贝上传到网店中进行销售呢？”王力师傅告诉李东：“还不行，首先需要给网店选择一个模板。”网店模板就是已经做好的商业网页框架，它包括图片、文字、HTML、JavaScript、CSS、背景音乐等。

◆ 任务实施

活动一　选择网店模板

淘宝模板就是针对淘宝网店所开发的一系列装饰网店的模板，将网店装扮得更加专业、美观，从而更能激发顾客的购买欲望。

打开淘宝主页，登录已经申请的个人店铺账号，单击“千牛卖家中心”下的“卖家服务市场”，进入“服务市场”页面，再单击“店铺装修”，如图1-39所示。

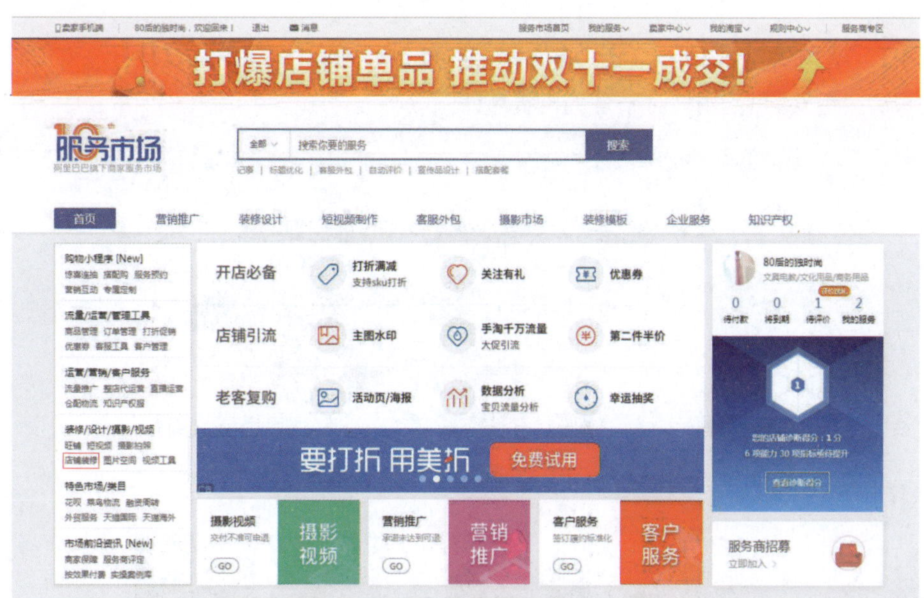

图 1-39　服务市场

进入“服务市场”的“装修市场”页面，如图1-40所示。淘宝的装修平台上有很多网店装修模板，可以根据自己的产品来选择相应风格的装修模板，但产品图片、微视频、文字需要卖家上传。一个模板的价格在每月几十元到上百元不等。我们可以直接购买模板对店铺进行装修，将店铺装扮得更加专业和美观，从而能够增加客户的购买欲望。“装修市场”页面中有5个选项卡，分别是“首页”“无线店铺模板”“PC店铺模板”“设计师专区”“装修设计定制”。其中，“首页”选项卡中集合了其他4个选项卡的功能。

图 1-40　装修市场

单击“无线店铺模板”，如图1-41所示，里面的模板均是由设计师设计好后上传的，可以购买后一键安装，使用的对象是手机端店铺。

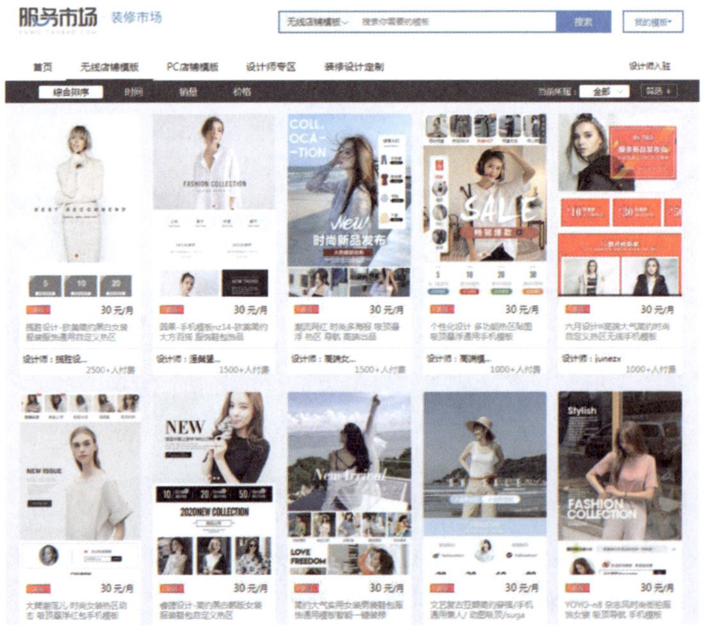

图 1-41　无线店铺模板

单击“PC店铺模板”，如图1-42所示，PC店铺模板按照商品属性进行分类，使用的对象是PC端店铺。

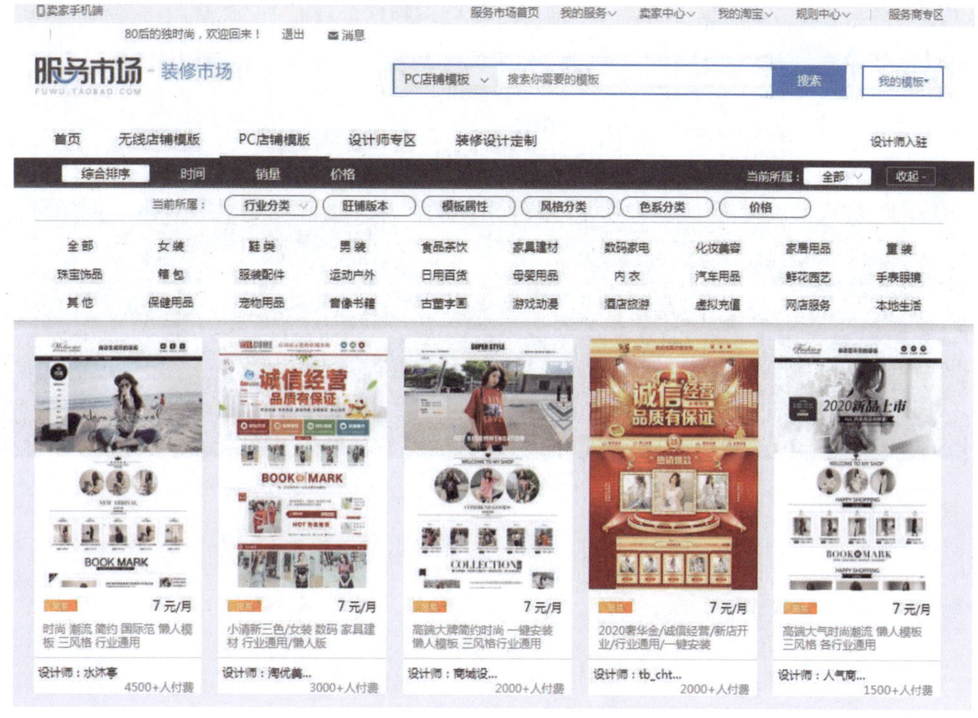

图 1-42　PC 店铺模板

单击“设计师专区”，如图1-43所示。其中主要是入驻淘宝的设计师简介，包括设计师的联系方式、经营范围等信息，他们就像我们线下的装修师傅，店家提要求，他们负责设计和装修。

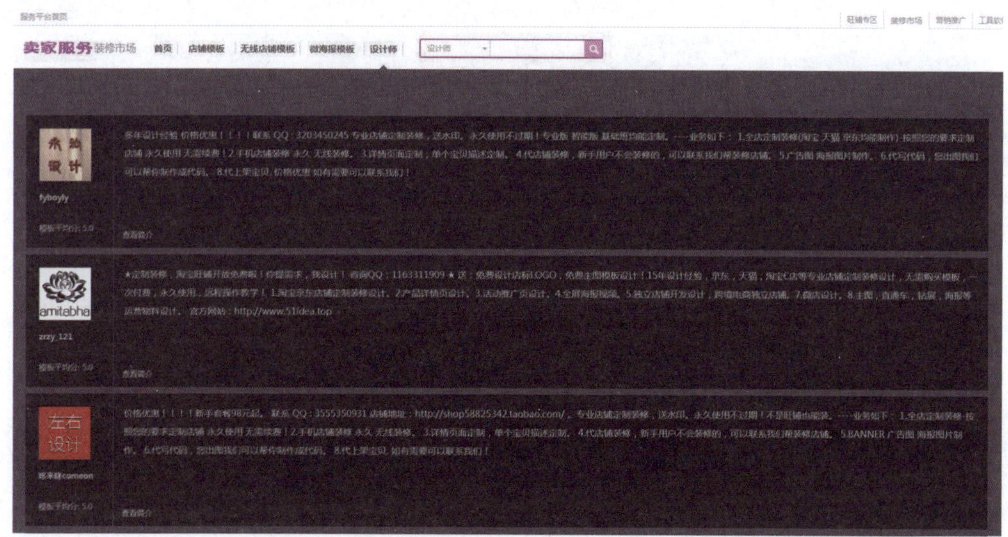

图 1-43　设计师专区

单击“装修设计定制”，如图1-44所示。其中主要是显示提供网店装修相关业务的公司信息，他们可以设计和制作产品主图、海报、详情页等图片或拍摄电商短视频，如果卖家购买了网店模板，但是产品相关素材不会制作，就可以到这个页面中的“热门服务”下寻找网店装修团队来帮忙制作产品的相关素材，如图1-45所示。

图 1-44 装修设计定制

图 1-45 热门服务

阅读有益

JavaScript(JS)是一种广泛用于客户端Web开发的脚本语言，常用来给HTML网页添加动态效果和功能。JS短小精悍，又是在客户机上执行的，因此大大提高了网页的浏览速度和交互体验。简而言之，JS是专门为Web网页制作量身定做的一种简单灵活的编程语言。

JS可以实现的效果如下：

◆ 各式各样的轮播广告，如图1-46所示。

图 1-46　轮播广告

◆ 切换栏目，如图1-47所示。

图 1-47　切换栏目

◆ 旋转木马，如图1-48所示。

图 1-48　旋转木马

YUEDUYOUYI

做一做

请同学们浏览各类网店，指出网店中使用了JS特效的地方。

活动二　初识页面管理

淘宝页面是指顾客进入网店后所看到的网页页面。在装修页面前，先要对每个页面中的布局结构进行规划和管理。具体操作步骤如下：

①登录个人店铺账号，进入“千牛卖家中心”，单击“店铺装修”按钮，如图1-49所示。

图 1-49 “网店装修”页面

②选择“电脑页面装修”选项卡，单击“首页”按钮，在下拉列表框中可以看到淘宝默认的3类页面，如图1-50所示。

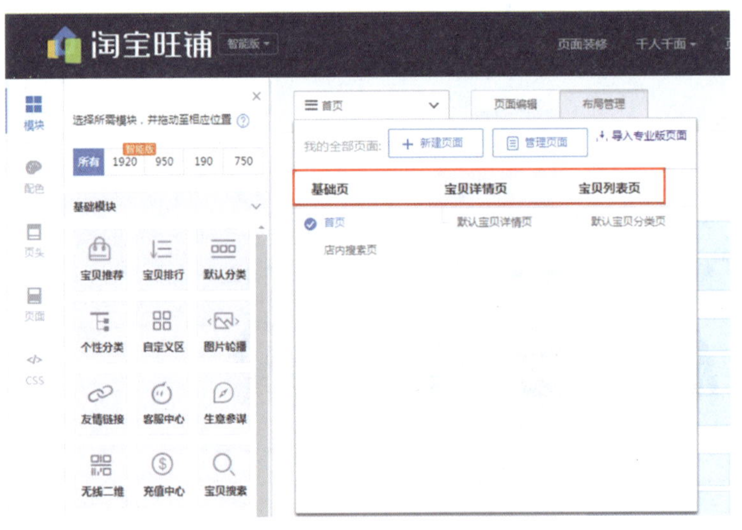

图 1-50 3 种类型的页面

阅读有益

淘宝网店页面布局

淘宝网店页面分为基础页（首页）、宝贝详情页（商品详情页）、宝贝列表页，3种页面的布局和功能都有所区别。

1.基础页（首页）

首页主要为顾客提供消费引导的作用，即“导购”。顾客从某个购物需求出发，通过某个商品的功能介绍，最终到达一个商品详情页面。首页的单元布局如图1-51所示。

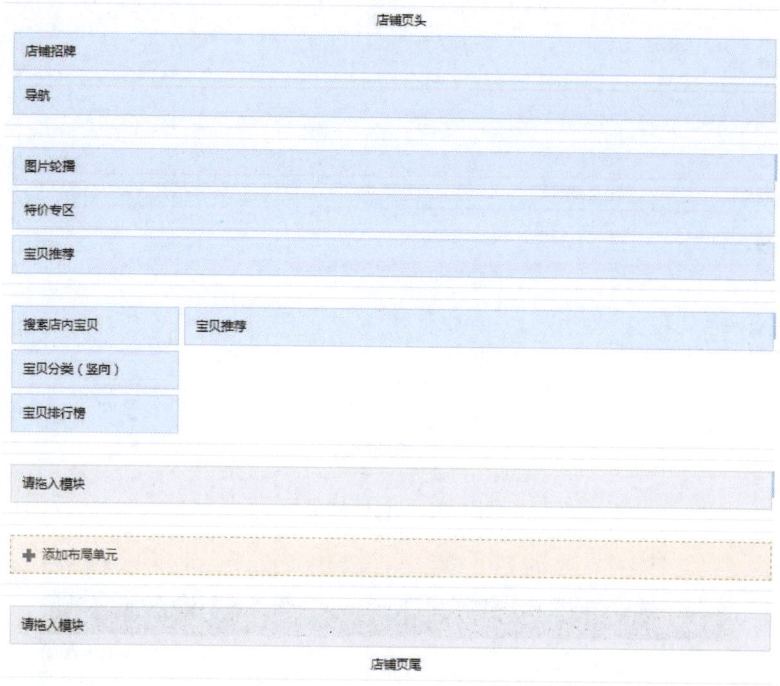

图 1-51　基础页（首页）

2.宝贝详情页

宝贝详情页主要用于介绍商品的功能（价值点），进而促进顾客购买，布局如图1-52所示。

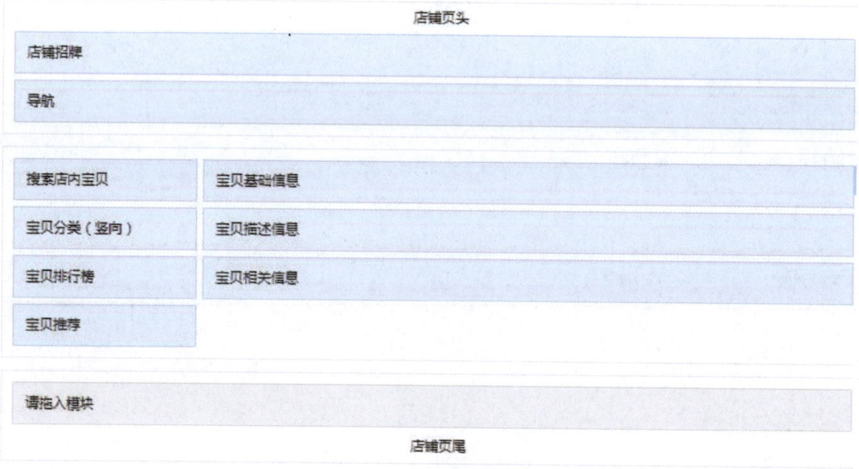

图 1-52　宝贝详情页

3.宝贝分类页

顾客进入网店首页后，可以根据宝贝分类找到自己所需要的宝贝。当宝贝分类管理完成后，商家在发布宝贝时就可以在发布页面选择所属分类，轻松管理宝贝，页面布局如图1-53所示。

4.3种页面的区别

宝贝详情页不能添加布局单元格，首页和宝贝分类页可以根据自己的需要添加布局单元，单击页面中的“添加布局单元”，选择相应的尺寸，如选择“190/750”，则在相应页面中就会添加这个尺寸的布局单元，如图1-54所示。

图 1-53　宝贝分类页

图 1-54　添加布局单元格

当布局好页面后，将左侧相应尺寸的“基础模块”拖放到单元格中，单击右上角的“发布站点”，下一步就可以对页面进行装修了，如图1-55所示。

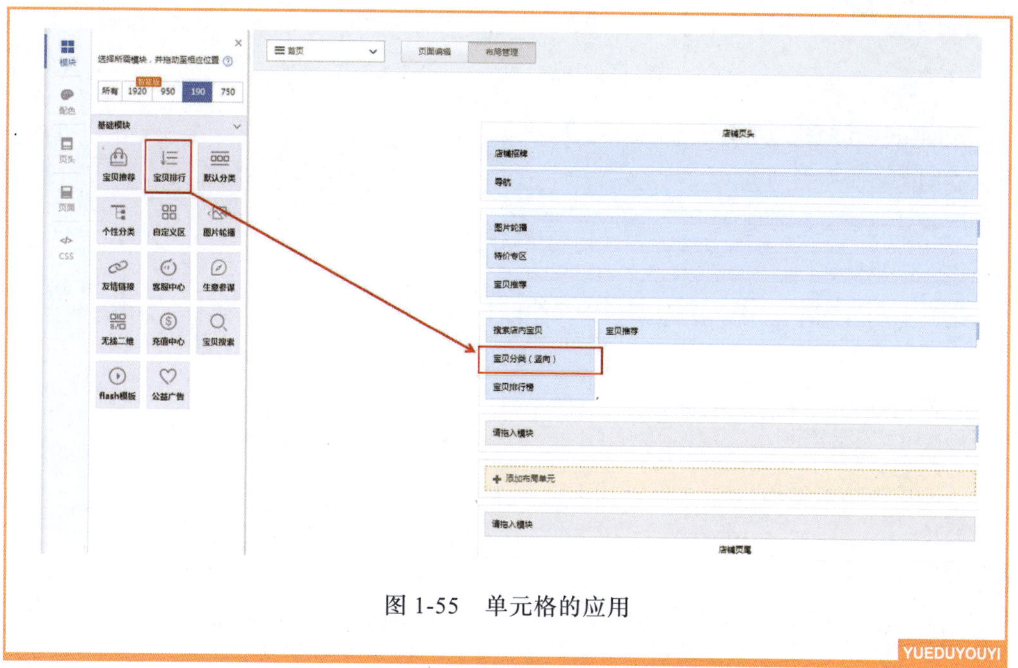

图 1-55　单元格的应用

◆ 任务拓展

1.（　　　）是强化商品形象，争取信任的广告策略。

A.猜谜式策略　　B.如实相告策略　　C.人性策略　　D.象征策略

2.网店宣传广告图一般为（　　　）。

A.大图　　B.小图　　C.动图　　D.主图

3.下列不属于创意营销的是（　　　）。

A.单品营销　　B.多品营销　　C.数据营销　　D.全店优惠

4.我们常见的JS特效有（　　　）。（多选）

A.轮播广告　　B.切换栏目　　C.旋转木马　　D.渐变色

5.以下哪些网站可以设计和制作店标？（　　　）（多选）

A.三角梨　　B.我图网　　C.猪八戒　　D.天猫

6.请规划"宜购生活用品旗舰店"的首页、商品详情页的页面布局结构。

◆ 项目小结

通过本项目的学习，我们学会了如何在淘宝上申请个人店铺，在申请个人店铺的时候如果遇到审核不通过的情况，注意是否是因为手持身份证照相的姿势不正确而导致审核不合格。在选择网店风格和配色的时候，要特别注意综合考虑商家、商品、消费群体等各种因素，不能仅凭个人喜好任性而为。

◆ 项目检测

一、填空题

1.网店从其结构上可分为________、________、________三个页面。

2.网店首页主要包括________、________、________、________、________、________。

3.商品展示区可分为________和________展示区。

二、选择题

1.天猫商城属于电子商务交易模式中的哪类?(　　)

A. B2C　　B. B2B　　C. A2B　　D. A2C

2.网络购物的特点不包含(　　)。

A. 全球性　　B. 封闭性　　C. 虚拟性　　D. 个性化

3.网店的基本结构包括(　　)。(多选)

A. 店标　　B. 店招　　C. 海报　　D. 导航

三、简答题

1.简述网店风格的选择要点及配色原则。

2.简述网络购物的特点。

◆ 项目评价

任　务	标　准	配分	得　分
申请店铺	能在淘宝上申请个人店铺	10分	
	能说出个人店铺和企业店铺的区别	10分	
初识网店装修	能描述网店装修的意义	10分	
	能简述首页和商品详情页的区别	10分	
	能指出一个网店首页的结构	10分	
	能指出一个网店的商品详情页的结构	10分	
确定网店风格及配色	能根据商品特点选择网店的风格	10分	
	会使用配色库工具完成网店的色彩搭配	10分	
使用网店模板	能打开淘宝卖家中心的网店模板	10分	
	能对网店的首页和商品详情页的布局进行管理	10分	
总　分		100分	

项目二
店标和店招的设计与制作

【项目概述】

王力师傅对李东这段时间的学习和工作都比较满意，让李东开始着手设计和制作“乐享办公用品旗舰店”的店标和店招。王力师傅告诉李东，淘宝网店的店标和店招是网店展示和宣传的一种重要标志。它们是一种大众传播符号，其基本功能是以图形传达信息，表现其内在的质量、特点，进而作为沟通的媒介。一个好的店标和店招能够让人产生深刻的印象，是一个网店与其他网店的一种外在区别，也是一个网店的整体审美观区别于其他网店的集中体现。所以，在刚开始经营网店的时候，要精心设计网店的店标和店招，不可马虎。

【项目目标】

知识目标

+ 了解店标的作用；
+ 了解店标的制作技巧；
+ 了解店招的分类；
+ 理解店招对网店的作用；
+ 掌握网店视觉营销的基本方法。

技能目标

+ 能够设计和制作店标；
+ 能够设计和制作店招。

思政目标

+ 培养学生的审美能力；
+ 倡导网络文明，自觉抵制低俗营销。

[任务一]

NO.1

设计与制作店标

◆ 任务描述

通过学习，李东知道了对于一个网店而言，店标有着相当重要的地位，好的店标能够给顾客留下深刻的印象，有利于稳定扩展网店的客户群。网店店标不仅代表着网店的风格、店主的品位、商品的特性，还能起到宣传的作用。那如何设计“乐享办公用品旗舰店”的店标呢？李东又开始了摸索。

◆ 任务实施

活动一　初识店标

店标是网店的标志，是在网店中起到识别和推广作用的图案，通过店标可以让顾客记住网店和品牌文化，是网店标识的图形记号，通常位于网店的顶端，如图2-1所示。

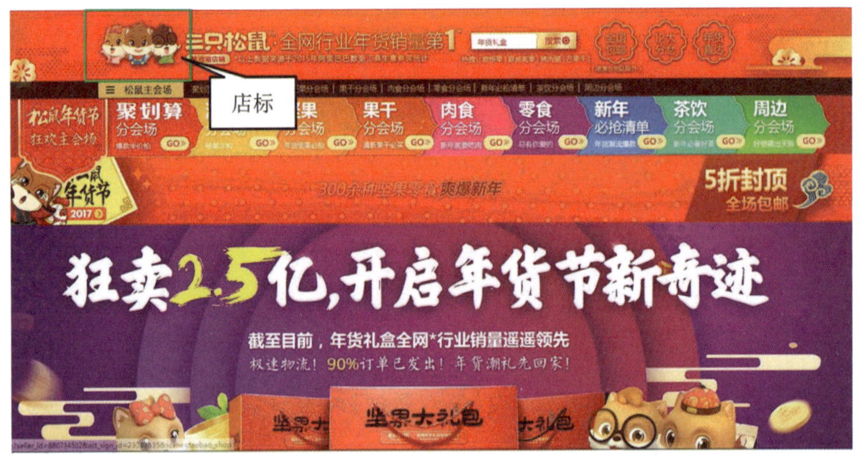

图 2-1　某网店的店标

店标通过一定的图案、颜色来向顾客传输商店信息，以达到识别商店、促进销售的目的，同时店标还能够使顾客产生有关网店经营类别或行业的联想，风格独特的店标能够使顾客对该网店产生好的印象。淘宝网对网店的店标设计有一定尺寸要求，尺寸大小如图2-2所示。

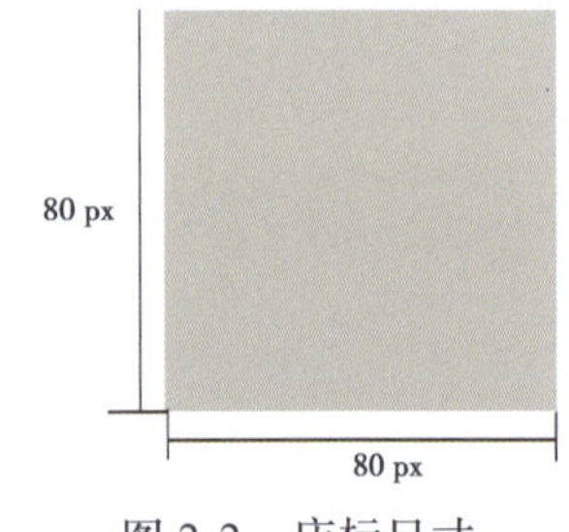

图 2-2　店标尺寸

京东商城的店标为一只名为joy的金属狗，如图2-3所示。用小狗来诠释对顾客的忠诚，小狗还拥有正直的品行和快捷的奔跑速度，寓意京东商城所售卖的商品质量好、信任度高、送货快。

天猫商城的店标为一只猫，如图2-4所示。猫是性感而有品位的，突出天猫商城希望代表的是时尚、性感、潮流和品质；猫天生挑剔，挑剔品质，挑剔品牌，挑剔环境，这恰好代表天猫商城要全力打造的是品质之城。

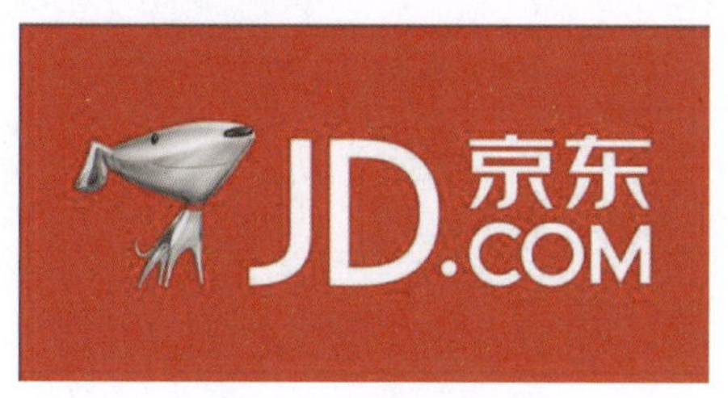

图 2-3　京东店标

图 2-4　天猫店标

做一做

请同学们指出如图2-5所示网店的店标位置，并对其设计效果展开讨论。

图 2-5　某网店首页

活动二　掌握店标的设计要领

在店标的设计过程中，一般情况下可将网店名称、网店名的拼音、商品所属的行业等联系在一起进行有创意的组合，下面以“格林影相”为例来讲解店标的设计思路。

“格林影相”是一家摄影公司，主要从事人物、景物等照片的拍摄工作，以此可以总结出用于创意设计的素材（见表2-1）。

表2-1　创意素材

关键字	格林影相，GLYX
行业	摄影
与之有关的素材	相机、相框、照片

经过对素材的重组，可设计出如图2-6所示的店标。每个设计者都可以根据自己的创意设计不一样的店标，并没有统一的标准。

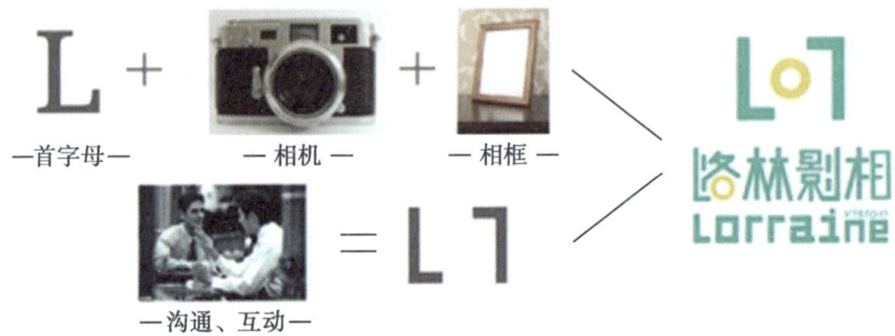

图 2-6　店标设计演化图

一个设计成功的店标能够引起顾客的注意，让顾客印象深刻，并能体现网店的特色，增加网店的转化率与回流量，下面来欣赏几个优秀的店标（见表2-2）。

表2-2　优秀店标的示例

企业名称	店　标	关键字	行　业
真彩文具	真彩 TrueColor	真彩，True Color	文具
晨光文具	M&G 晨光文具	晨光，morning & guang	文具
得力办公	deli	得力，de li	办公用品

请设计出“明浩灯饰公司”的店标，要求及提示见表2-3。

表2-3 要求及提示

关键字	明浩，缩写字母为“MH”
行业	灯饰，可用灯泡图案进行构思
大小	600 px×600 px

活动三 设计“乐享办公用品旗舰店”的店标

“乐享办公用品旗舰店”为一家销售办公用品的网店，收集与之相关的素材，见表2-4。

表2-4 素材资料

关键字	乐享，lexiang
行业	办公用品，可用笔、橡皮擦等图案进行构思
大小	80 px×80 px

为了让更多的人记住公司的名称，将公司名称“乐享”一词音译成相近似的英语发音“LOSONG”，并将其作为本网店的店标主体，字体选择“Arial”，颜色选择绿色，体现白领们不拘一格又严谨的工作态度。然后将字母“S”做艺术处理，使其效果看上去像一支铅笔和一块橡皮擦的组合，为了突出这个造型，色彩选择相反色——黄色。最终效果如图2-7所示。

图 2-7 “乐享办公用品旗舰店”店标效果图

活动四 制作“乐享办公用品旗舰店”的店标

制作“乐享办公用品旗舰店”店标的具体操作步骤如下：

①启动Photoshop 软件，新建一个文件，宽度为“80”像素，高度为“80”像素，背景内容选择“白色”，如图2-8所示。

②输入文字“LOSONG”，选择字体为“Arial”，字体颜色为“2a8a98”，字体大小为“18”，效果如图2-9所示。

③使用钢笔工具将字母“S”勾画出艺术效果，颜色为“f28510”并添加上文字“乐享办公用品旗舰店”，字体选择“方正姚体”，字体颜色为“黑色”，字号根据最终尺寸进行设置，最后保存文件名为“乐享办公用品旗舰店店标.jpg”，最终效果如图2-7所示。

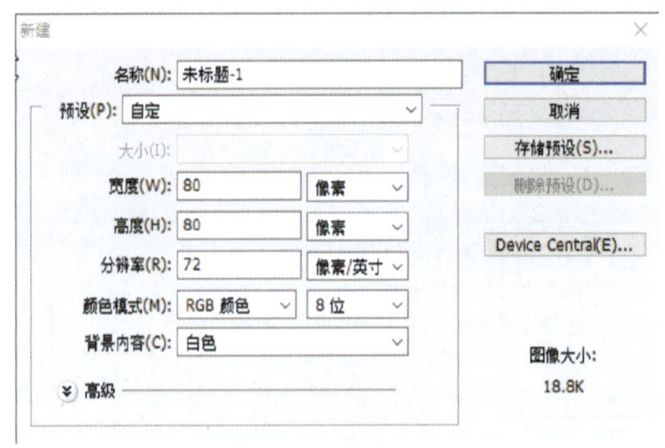

图 2-8　新建文件

图 2-9　输入文字

做一做

请同学们用Photoshop软件设计并制作出“美宜佳便利店”网店的店标，要求及提示见表2-5。

表2-5　要求及提示

关键字	美宜佳，缩写字母为“MYJ”
行业	便利店，可用购物车、购物袋或者房屋图案进行构思
制作软件	Photoshop
大小	80 px×80 px

说一说

某电脑产品经销商并未取得联想品牌专卖店资格，但为了招揽顾客，将经营店面仿照联想品牌专卖店进行装潢，其装修的色调及风格均与联想品牌专卖店基本一致，并且还在店招及柜台玻璃上多处突出标注“Lenovo联想”等大型字体，店主认为其销售的也是联想正品电脑，所以不构成商标侵权。对这个情况你怎么看呢？说说你的理由。

◆ 任务拓展

果

乍店标

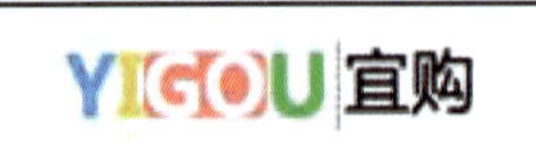

图 2-10　宜购店标

1.请同学们设计并制作“宜购生活用品旗舰店”的店标，尺寸大小可自定义。参考效果如图2-10所示。

2.请同学们试着分析以下两个店标（见图2-11）的设计理念。

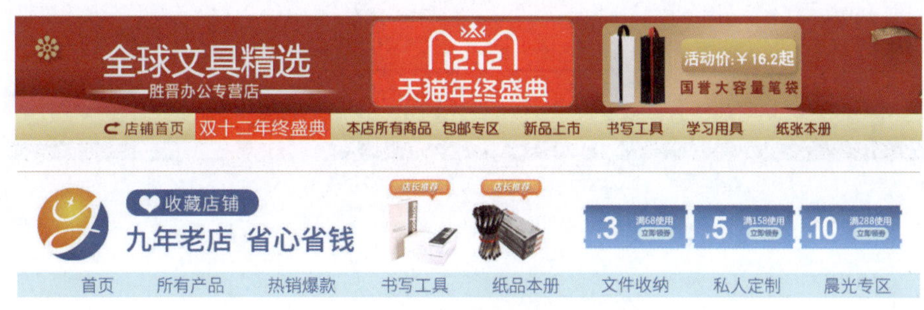

图 2-11　网店店标

[任务二]

NO.2

设计与制作店招

◆ 任务描述

王力师傅看了李东设计的店标十分满意，接着要求李东再设计和制作出“乐享办公用品旗舰店”网店的店招。李东接到任务后，十分高兴，他迫不及待地跑到计算机旁，开始了店招的设计与制作工作。

◆ 任务实施

活动一　初识店招

一、店招的定义

传统的店招就是店铺的招牌，是指有关单位和个人在公共、自有或他人所有建筑物、设施及地面上设置的，用于非商业性宣传或表明单位名称、标识的霓虹灯、标语、招牌等户外设施。随着网络交易平台的发展，店招也延伸到网店中，即虚拟网店的招牌，位于网店顶端，如图2-12所示。网店的店招都有统一的大小要求，以淘宝网为例，店招的尺寸规格一般为高：120 px，宽：950 px。如果店招要包含导航，则店招的高度应为150 px。

微课

店招简介

店招要直观明确地告诉顾客网店是卖什么的，其表现形式最好是实物照片配上简单的文字说明，同时还可以告诉顾客网店的卖点，即网店商品的特点、优势等。

优秀的店招一般有以下特点：有标准的颜色和字体，清洁的设计版面，一句能够吸引顾客的广告语，画面有强烈的视觉冲击力，突出所销售的商品。

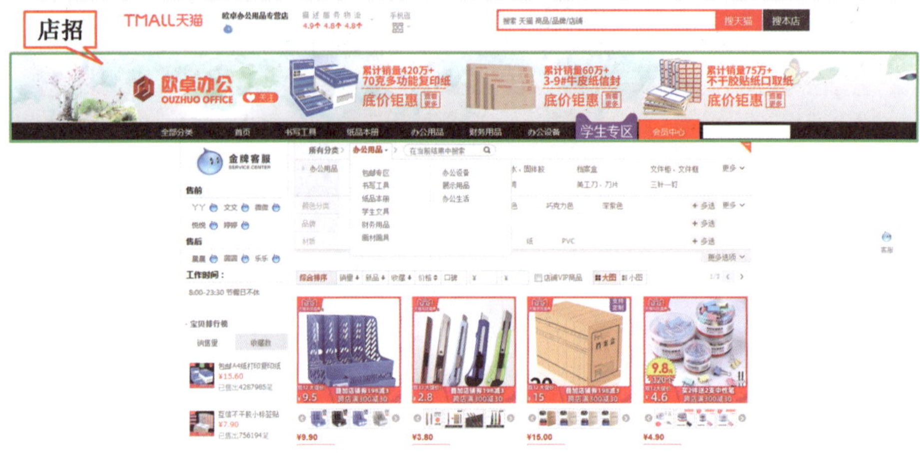

图 2-12　网店的店招位置

请指出下面这个店招存在的问题，如图2-13所示。

图 2-13　某网店店招

二、店招的类型

在店招内容的设计中，并不是要将所有设计要点都包含其中，例如，如果店家只想突出网店中销售商品的品牌，那么可以将品牌的名称在店招中的所占比例放大。网店店招的设计根据需求不同，大致可以分为3种形式：品牌宣传为主、活动促销为主、产品推广为主。

1.以品牌宣传为主的店招

这类网店的经营者一般都有雄厚的实力，并且已经有一定的品牌知名度。这类网店的店招首先要考虑的内容是网店名、网店Logo，这是品牌宣传的基本内容；其次是关注按钮、关注人数、收藏按钮、网店资质等内容的摆放，可以侧面反映网店的实力；再次是考虑增加搜索框、第二导航条等方便顾客的内容，如图2-14所示。

图 2-14　办公用品专营店店招

2.以产品推广为主的店招

这类网店的主要特点是想要主推一款或几款商品。在店招上，这类网店首先要着重呈现促销商品、促销信息、优惠券、活动信息等；其次是考虑网店名、网店Logo等品牌宣传为主的内容；再次是考虑摆放搜索框、第二导航条等方便顾客的内容，如图2-15所示。

图 2-15　办公用品旗舰店店招

3.以活动促销为主的店招

这类网店的特点是以特殊活动和集中促销为主。店招首要考虑的因素是活动信息/时间/倒计时、优惠券或者其他促销信息；其次是摆放搜索框、旺旺、第二导航条等方便用户的内容；再次才考虑摆放网店名、网店Logo等品牌宣传为主的内容，如图2-16所示。

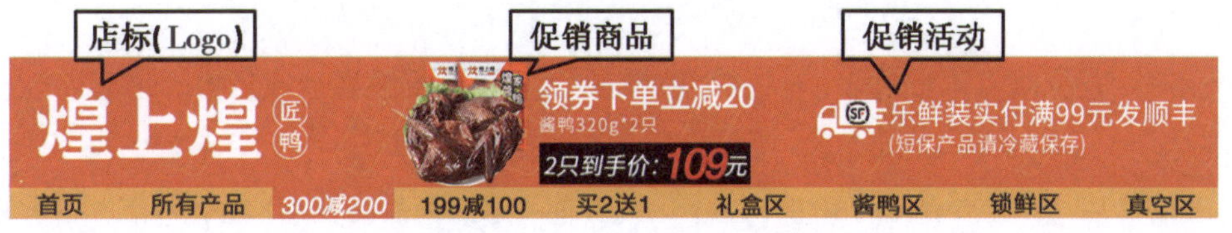

图 2-16　某网店店招

总的来说，店招是网店留给顾客的第一印象，网店的定位、是否有优惠、是否有核心商品都可以从店招看出来。

做一做

请同学们上网分别搜索出以上3类店招，并试着比较它们之间的区别。

活动二　掌握店招的设计要领

从内容上讲，店招中可以有网店名称、网店店标、网店口号、收藏按钮、关注按钮、促销商品、优惠卷、活动信息、搜索框、网店公告、网址、第二导航条、旺旺、电话热线、网店资质、网店荣誉、广告语等一系列信息，如图2-17所示。换句话说，如果可以，几乎所有能想到的内容都能在店招中进行展现。除了网店名称必然会出现外，其他内容都可以按照卖家的需求进行安排。

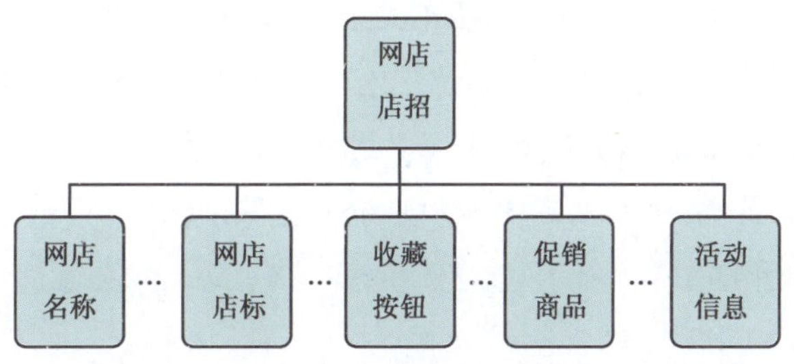

图 2-17　店招基本内容

第一，品牌Logo一定要出现在醒目的位置，如图2-18所示。

图 2-18　某网店店招

第二，一定要体现品牌诉求，如促销信息可以在网店促销的时段放上去，活动结束后，及时把促销信息去掉，这样才能保持网店的品牌性，如图2-19所示。

图 2-19　某网店店招

第三，视觉重点不宜过多，有1~2个就够了，太多了会给顾客造成压力，使顾客产生视觉混乱。

第四，店招一定要凸显品牌的特性，让顾客能了解到商品的特点，包括风格、品牌文化等，如伊淘品牌的店招，用一个小卡通人来作为品牌的形象代表突出品牌的文化，如图2-20所示。

图 2-20　某网店店招

第五，不要使用过多的颜色，使用1~3种颜色为宜，尽量保持画面的整洁，不需要把店招做得太花哨，给顾客造成视觉疲劳反而可能会降低顾客的关注度。

做一做

上网搜索几个设计和构思比较成功的店招图片。

活动三　设计"乐享办公用品旗舰店"店招

首先，将"乐享办公用品旗舰店"的店招类型定位为以商品促销为主，设计主要突出网店促销活动及网店的特色（见表2-6），店招主色调选择白色背景，然后用4个不同颜色的圆来突出网店特色"优惠、低价、活动、包邮"。为了和店标颜色相呼应，网店促销活动文字选用与店标颜色相同的黄色，并将活动内容"全场6折起"的数字"6"放大加粗，吸引顾客的注意。设计的最终效果如图2-21所示。

表2-6　设计要点

乐享办公用品旗舰店	
网店促销活动	全场6折起
网店特色	优惠、低价、活动、包邮

图2-21　“乐享办公用品旗舰店”店招

微课

制作店招

活动四　制作“乐享办公用品旗舰店”的店招

制作“乐享办公用品旗舰店”店招的具体操作步骤如下：

①启动Photoshop软件，新建一个宽度为950像素，高度为120像素，背景颜色为白色的图片文件，如图2-22所示。

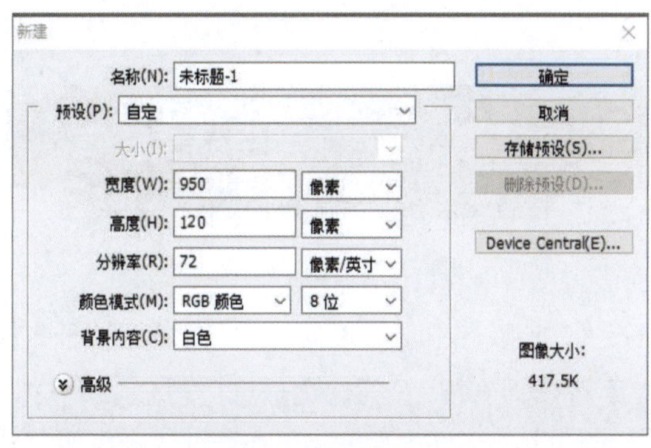

图 2-22　新建文件

②输入文字“优质　低价　活动　包邮”，文字颜色分别为“2a8a98”“fc6748”“f27576”“f29c0d”，字体均为“幼圆”，大小为“20”。输入文字“办公没压力全场6折起”，文字颜色为“ff9c30”，字体为“方正姚体”，并将数字“6”放大，将文字向右上方略拉伸，调整文字大小，效果如图2-23所示，再用“钢笔”工具在文字下方勾出一条直线。

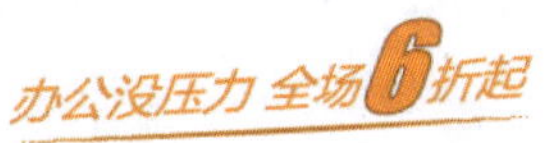

图 2-23　添加文字

③使用“椭圆”工具画出4个圆形（也可采用复制图层的方法绘制圆），注意每个圆的右上角有两个小的白色小圆点，每个圆形的颜色和相对应的文字颜色相同，新建一个图层，插入上个任务制作完成的“乐享办公用品旗舰店店标”图片，最终效果如图2-20所示，保存文件名为“乐享办公用品旗舰店店招.jpg”。

做一做

以“情人节”为主题，设计一个花店的店招，设计要求见表2-7。

表2-7　设计要求

网店名称	浪漫满屋
网店店标	自己设计
促销活动	满100元送2支玫瑰
大小	950 px×120 px
软件	Photoshop

◆ 任务拓展

1.请为“宜购生活用品旗舰店”网店设计店招，参考效果如图2-24所示。

图 2-24　宜购店招

2.为了迎接“双十一”的到来，乐享公司准备拿3件办公用品来做促销活动，请同学们根据以下促销信息给网店重新设计店招。公司促销信息：全场满30包邮，裁纸刀、印泥买二送一，订书机打8折。

◆ 项目小结

通过本项目的学习，我们知道了店标和店招对网店的重要性，以及如何进行网店店标和店招的设计与制作。这里要注意，在淘宝店铺装修中，很多人将店标设计与店招设计混为一谈，这是错误的。事实上，在淘宝店铺装修中，淘宝店招是普通店铺所没有的，必须要扶持版以上的高级别版本才有。店招是指店铺最上面的一块长条形区域，标准尺寸是950 px×150 px。

◆ 项目检测

一、填空题

1.淘宝网店店标的最大尺寸是__________。

2.店标是一种由特殊文字或图像组成的大众传播符号，它的基本功能是以__________传达信息，表现其内在的质量、特点，进而作为沟通的媒介。

3.常见的淘宝店标分为________与________两种。

4.登录淘宝网，进入“卖家中心”，单击顶部的________可以设置店铺店标。

5.店招一般分为________、________和________三类。

二、单选题

1.普通店铺的店标文件大小最多不能超过（　　）。

A.80 KB　　B.100 KB　　C.120 KB　　D.150 KB

2.动态店标的文件格式为（　　）。

A.jpg　　B.gif　　C.flv　　D.swf

3.下列哪些网站可以设计和制作店标？（　　）（多选）

A.三角梨　　B.我图网　　C.猪八戒　　D.百度

4.旺铺的店招最大尺寸是（　　）。

A.950 px×150 px　　B.750 px×120 px

C.860 px×135 px　　D.820 px×135 px

5.一家具有雄厚实力的企业，想建设自己的网店，这类店铺的店招一般考虑（　　）。

A.以品牌宣传为主　　B.以产品推广为主　　C.以活动促销为主　　D. 美观

三、判断题

1.京东商城的店标为一只名为joy的金属狗，寓意京东商城所售卖的商品质量好、信任度高。（　　）

2.普通店铺的店标可以是Flash文件。（　　）

3.每个淘宝网店都必须要有自己的店标。（　　）

4.店标的首要任务就是向消费者传达信息，最终目的是让消费者记住网店。（　　）

5.商品图片上添加店铺Logo只是为了体现个性化，提高店铺的整体形象。（　　）

6.网店首页布局时，可将店招设置为不停闪烁的Flash图片，十分抢眼。（　　）

7.淘宝店标无法在线设计，必须设计好后再上传到淘宝网上。（　　）

8.在店标的设计过程中，可将网店名称、商品所属的行业等信息联系在一起进行有创意的组合。（　　）

9.可以在Photoshop中设计和制作动态的店招。（　　）

10.店招的视觉重点可以尽量多。（　　）

◆ 项目评价

项　目	标　准	配分	得　分
设计与制作店标	店标尺寸正确	10分	
	创意与品牌贴合	15分	
	色彩与商品特点的协调	15分	
设计与制作店招	店招尺寸正确	10分	
	能给网店取适合的名称	10分	
	色彩搭配协调	10分	
	能设计出网店的Logo	10分	
	有适当的广告语	10分	
	有适合的促销商品图片	10分	
总　分		100分	

项目三
导航的设计与制作

【项目概述】

经过王力师傅的精心指导和培养，李东很快学会了制作“乐享办公用品旗舰店”的店标和店招，让他信心大增，随后就主动向王力师傅咨询如何制作网店导航。王力师傅告诉他：“网店导航是每一位顾客进入店铺首先看到的内容，顾客们会根据导航快速地找到自己所需要东西的类目，而卖家可以把自己要表达的重要内容添加在导航里，就像实体店里一样，将商品分类放置。如果顾客单击某一类目，就会把店铺里属于这一类目的全部商品显现出来。”王力师傅接着又问李东：“如果想要制作导航，首先需要做些什么呢？”李东想了想说：“应该先了解什么是导航？然后还要知道导航有哪些分类。”王力师傅笑着说：“你说得对，除了这些之外，我们还需要了解导航的规格，以及在设计过程中的注意事项。”接着，李东便跟随王力师傅一起开始了“乐享办公用品旗舰店”网店导航的设计与制作。

【项目目标】

知识目标

+ 理解导航的作用；
+ 了解导航的分类；
+ 熟悉导航的设计规范。

技能目标

+ 能够根据网店风格设计导航；
+ 能够制作网店的导航。

思政目标

+ 培养学生善于思考和规划的能力；
+ 培养学生遵守平台规则的意识。

[任务一] NO.1

设计导航

◆ 任务描述

王力师傅带着李东开始了“乐享办公用品旗舰店”导航的设计与制作工作，王力师傅先让李东查找相关资料，想让他首先了解导航的基本理论知识。

◆ 任务实施

活动一　认识导航

想一想

同学们，我们平时在浏览网店的时候，是通过什么方式来找到我们想要购买的商品的呢？比如，在一家网络书店里，想要买一本关于网店美工方面的书籍，需要怎么操作呢？

课

导航简介

一、什么是导航

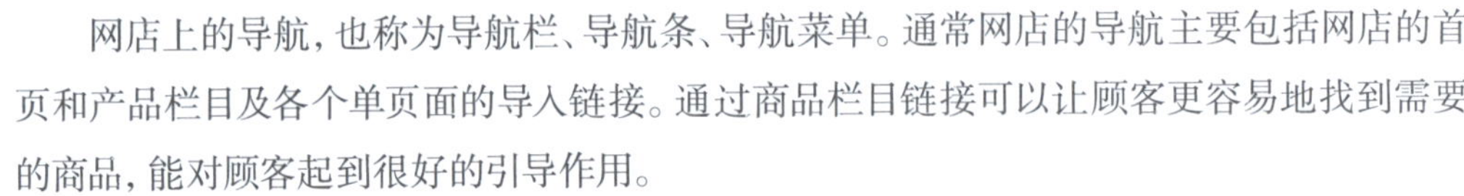

网店上的导航，也称为导航栏、导航条、导航菜单。通常网店的导航主要包括网店的首页和产品栏目及各个单页面的导入链接。通过商品栏目链接可以让顾客更容易地找到需要的商品，能对顾客起到很好的引导作用。

导航在网店设计中的地位举足轻重，它引导顾客进行浏览和查找，一个合理的导航能让顾客在离开网店时感觉享受了一次愉快的旅程。

例如，文具店导航如图3-1所示。

图 3-1　文具店导航

二、导航的意义

导航就是网店的“眼睛”或地图，方便顾客查看或者寻找所需要的商品信息，就像图书馆里面的书，会分类摆放，每类书都有标签，方便人们查找书籍；或者是餐馆的菜单，有热菜、凉菜等分类，方便顾客点菜。导航的意义在于以下几点：

①导航的设置是为了更方便地帮助顾客在最短的时间内找到他们需要的信息，起到引导作用。

②一般情况下，导航上的栏目或单页面，是这个网站中最主要的和必不可少的内容，也是卖家希望顾客进入的页面或让顾客了解的信息。

③网店的导航位于网店最重要的位置，同时在网店的导航上还布局了商品栏目及各个单页面的导入链接，是设置整个网店回流的最核心部分。让顾客在浏览网店的过程中不致迷失，并且可以方便地回到网店首页以及其他相关内容的页面。

三、了解导航的分类

网店中常见的导航有3种：主导航、次导航和分类导航。

1.主导航

主导航一般位于网页页眉顶部或者店标的下部，第一时间引导顾客找到他所需要的信息栏目。例如，玩具店的主导航如图3-2所示。

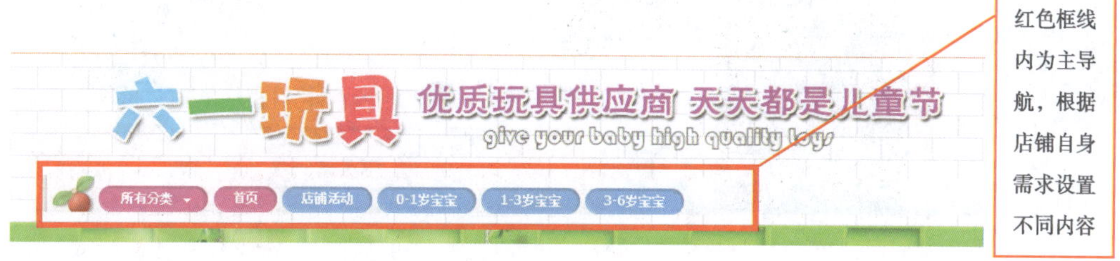

图 3-2　主导航

2.次导航

次导航一般位于网店页面的中部位置。当顾客在浏览网店时，可以通过次导航快速进入其他栏目。例如，文具店的次导航如图3-3所示。

图 3-3　次导航

3.分类导航

导航菜单中可以设置分类导航（横向子菜单或纵向子菜单），卖家利用分类导航将商品分类放置，方便顾客快速找到店铺内的相应商品。

分类导航的示例如图3-4所示。

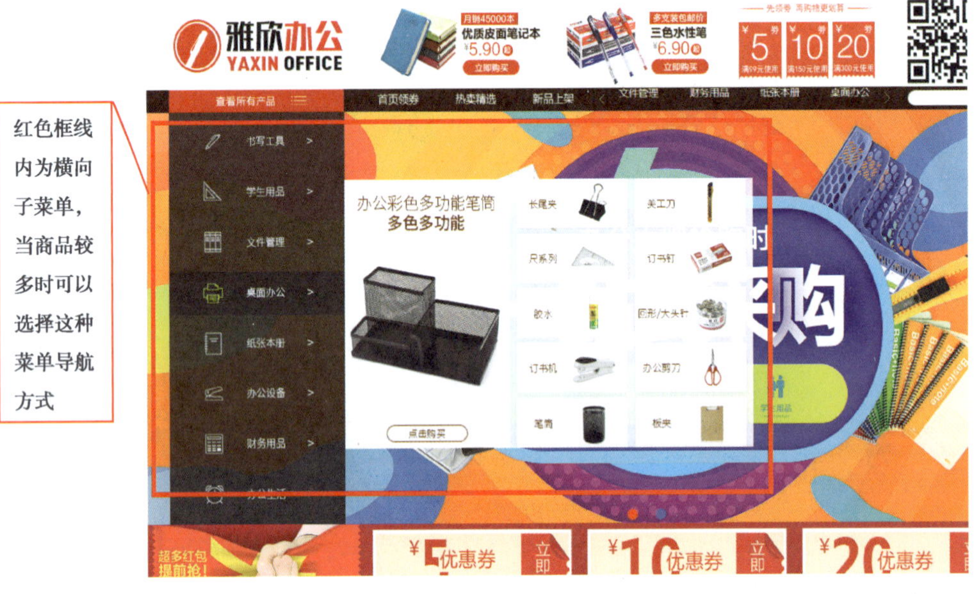

图 3-4　分类导航

做一做

根据同学们的观察，请写出导航一般会放置在哪些位置和具有哪些形式。

____

____

活动二　掌握导航的设计要领

想一想

同学们，请观察图3-5，这是一个文具店的导航，分析这家店铺为什么要运用这样的色调和内容？

图 3-5　文具店的导航

一、导航的规格

在网店导航设计的过程中，导航的尺寸是有一定限制的，如淘宝网规定导航的尺寸：宽度为950 px，高度为50 px，如图3-6所示。

图 3-6　导航规格

二、导航的背景色彩

在网店装修的前期，我们已经确定了网店装修的风格，导航通常是在店招的下方，因此色彩搭配也应与店面色调一致，否则会显得突兀，形成喧宾夺主的效果。

例如，鲜花店中的导航使用红底白字的色彩搭配，突出了导航内容，同时也显得温馨浪漫，符合网店的风格，如图3-7所示。

图 3-7　温馨浪漫的风格

图3-8是一家童装店的导航，采用了粉红色的色调，搭配店招的卡通人物造型，显得活泼俏皮。

图 3-8　活泼俏皮的风格

图3-9是一家男士香水店的导航，采用了白色色调，搭配店标深紫色的背景色调，看起来显得深邃而神秘。

图 3-9　深邃的风格

三、导航的文字

导航的文字除了可以使用单一的中文外，还可以使用数字和英文，将这些文字信息合理摆放，可以提升导航的设计感，给人眼前一亮的感觉。同时还要注意字体的选择，如幼圆、华文彩云等字体看起来比较俏皮，而宋体、黑体等字体看起来则比较大方。

下面这家童装店的导航文字采用了中英文搭配的形式，中文在前，英文在后，实现了双语导航，还采用了活泼的字体风格，整个页面富有童话感，如图3-10所示。

图 3-10　童话效果

同样的，下面这家服装店的导航文字也采用了中英文搭配的形式，英文在上，中文在下，看起来显得清新自然，如图3-11所示。

图 3-11　清新效果

再来看看下面这家销售蛋糕和鲜花的店铺的导航，采用了文字和符号的搭配形式，看起来显得比较新颖，如图3-12所示。

图 3-12　新颖效果

四、导航的内容

导航的作用就是让顾客更方便快捷地找到自己所需要的商品信息，那么导航内容的设置就显得非常重要了。例如，一个网店主要销售女装，那么导航内容可以有如下信息：连衣裙、半身裙、衬衫、外套等，将主要商品信息类别罗列出来，也可以添加其他信息，这些信息也是顾客可能想要了解的，如夏季热卖、商场同款、优惠专区、热卖爆款等，如图3-13所示。

图 3-13　导航内容分类

想一想

同学们，除了以上几个方面的问题以外，在设计导航时还有没有其他需要注意的细节呢？

活动三　设计“乐享办公用品旗舰店”的导航

通过前面两个活动的学习，现在就来动手设计一下“乐享办公用品旗舰店”的导航吧，我们可以对导航做出以下分析：

1.导航的内容

根据“乐享办公用品旗舰店”的需求分析，可以将导航内容（菜单）设置为以下几个类别：首页、热卖商品、本店促销、新品上架和店铺介绍。

2.导航的颜色搭配

在之前店招和店标的设计中，都采用了金黄色和绿色两种色彩，因此为了搭配整个网店的基本色调，将导航的背景颜色设置为绿色。

为了使整个导航显得简洁，可以将导航文字字体设置为楷体，字体颜色设置为白色，如图3-14所示。

图 3-14　“乐享办公用品旗舰店”导航

做一做

请同学们依据自己的思路设计“乐享办公用品旗舰店”的导航，并将导航布局绘制出来。

阅读有益

导航起着路标的作用，让顾客一下子找到自己需要的商品信息，所有导航不能出现错误的链接。不能出现以下情况：

①导航信息与商品信息不符合，如裤装类目导航出来的商品却是外套。

②导航信息不起导航作用，如单击导航后打开的是空白网页。

③恶意导航到病毒网页。

YUEDUYOUYI

◆ 任务拓展

1.请同学们为“零食店”设计导航，要明确体现店铺的所有商品、人气产品、产品分类等信息。

2.请同学们为一个零食店设计导航，产品包含：奇趣蛋、巧克力等，参考效果如图3-15所示。

图 3-15　零食店导航

[任务二]

NO.2

制作导航

◆ 任务描述

李东经过查阅相关资料，学习了设计网店导航的基本知识，为了更好地运用所学知识，李东就在王力师傅的指导下开始动手制作网店导航。

◆ 任务实施

活动一　制作背景

作导航

1.新建文档

打开Photoshop程序，执行“文件—新建”命令（Ctrl+N快捷键），在弹出的“新建”对话框中设置相关参数：宽度为950 像素，高度为30 像素，分辨率为300像素/英寸，如图3-16所示。

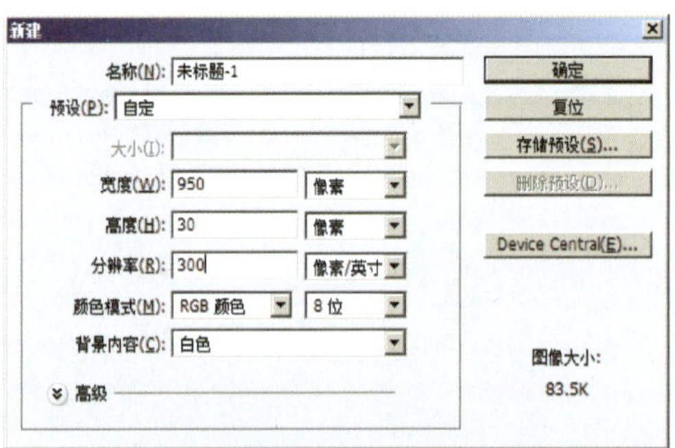

图 3-16　新建文档

2.制作纯色背景

执行“图层—新建—图层”命令（Shift + Ctrl + N快捷键）新建一个图层，命名为“纯色背景”，如图3-17所示，将“前景色”设置为绿色，如图3-18所示，执行“编辑—填充”命令（Alt + Delete快捷键）进行填充，效果如图3-19所示。

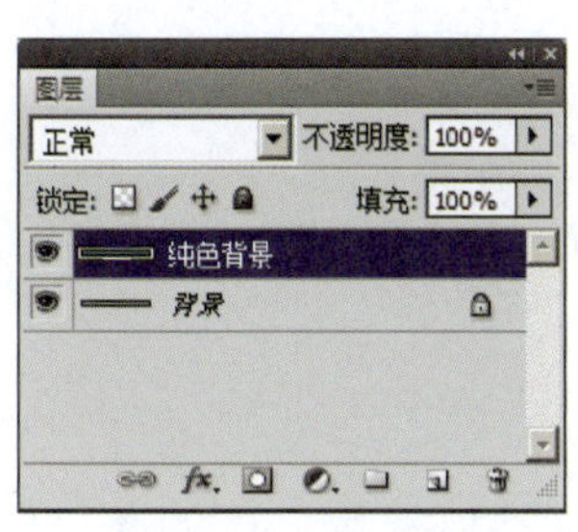

图 3-17　新建图层

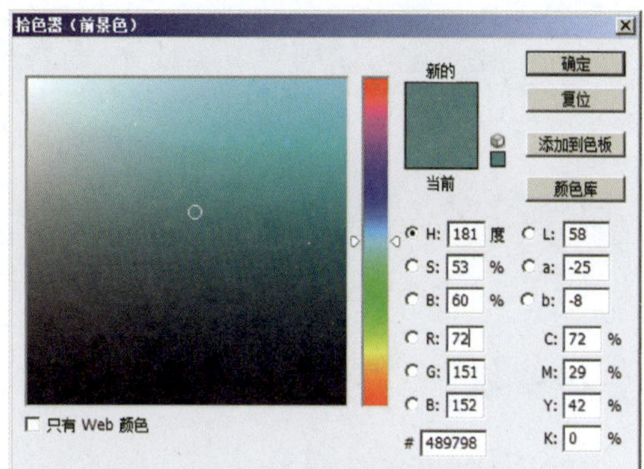

图 3-18　设置前景色

图 3-19　填充效果

活动二　制作分隔线

单击工具箱中的“直线工具”按钮，设置线条粗细为“3 px”，如图3-20所示。“前景色”设为白色，绘制5条分割线，效果如图3-21所示。

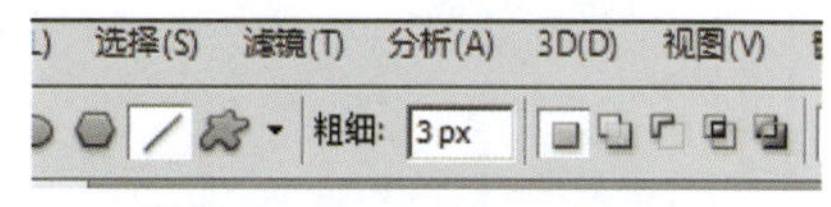

图 3-20　设置线条粗细

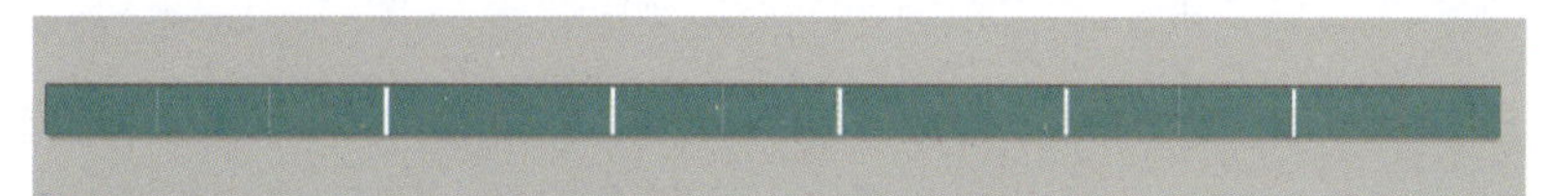

图 3-21　分割线效果

活动三　制作文字效果

单击工具箱中的“文字工具”按钮，在画布中输入相应的文字内容。执行“窗口—字符”命令，在弹出的“字符”面板中对参数进行设置，如图3-22所示，效果如图3-23所示。

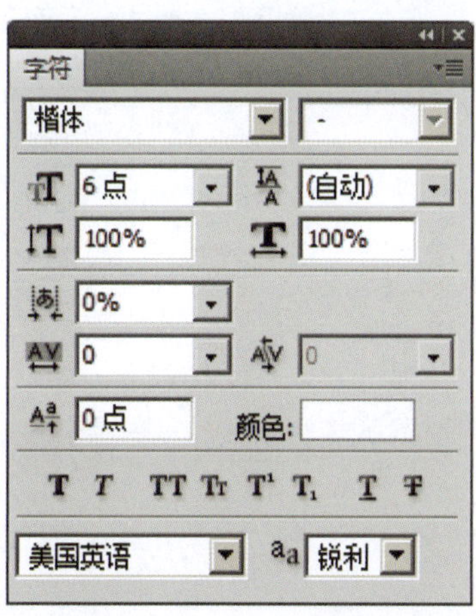

图 3-22　设置文字参数

首页 | 热卖商品 | 本店促销 | 新品上架 | 店铺介绍 |

图 3-23　导航文字效果

想一想

同学们，请上网查阅资料，总结优秀导航的特点。

做一做

图3-24所示是一个旺铺导航，它看起来会不会更有吸引力呢？请试着完成这个导航的制作。

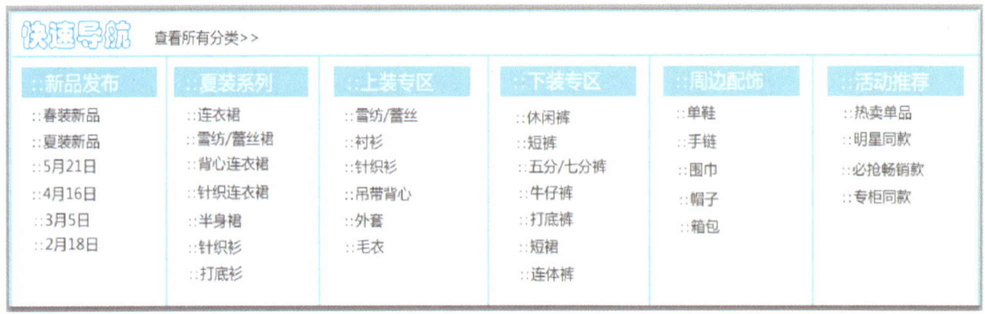

图 3-24　旺铺导航

阅读有益

网店的导航根据所处的位置可以分为顶部导航、左侧栏导航和自由导航三种形式。其设计注意事项如下：

- 顶部导航还是“不漂亮”的好

很多卖家为了页面美观，特意将导航设计为“漂亮的图片+超链接”的形式，而不是常规的下拉分类形式。其实从用户体验的角度来讲，大多数的淘宝买家已经习惯了简单、常规且“不漂亮”的分类导航。

- 合理布局左侧栏

左侧栏内外应一致。为了配合店铺设计，左侧栏可以适当下移，但一定要在第一屏出现，让买家能快速查看分类等信息。在结构上建议卖家在设计的时候，将商品分类放在第一屏就可以看到的位置。而热销、收藏宝贝的展示建议放到左侧栏的底端，从而增加店铺的访问深度，提升销售概率。

- 自由导航的禁忌

不要有某张导航图片过于抢眼，这样会导致浏览者的视线不稳定或在权重较高的区域来回浏览。导航图片不要过于浮夸，以传达信息为主。不要有太多类型的促销活动，容易引起买家的浮躁心理，从导航的角度看会造成传达不明确的后果。

YUEDUYOUYI

◆ 任务拓展

1.请同学们为“宜购生活用品旗舰店”设计导航，参考效果如图3-25所示。

首页 | 收纳用品 | 家务清洁 | 创意厨房 | 生活日用 | 浴室用品 | 个人护理

图 3-25 导航效果

2.请同学们为童装店设计导航，参考效果如图3-26所示。

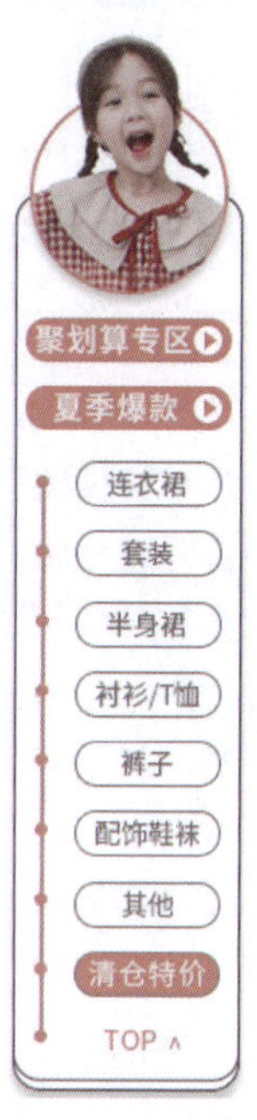

图 3-26 童装店导航

◆ 项目小结

通过本项目的学习，我们知道了导航是网店中一个不可缺少的部分，它可以引导顾客有目的地浏览网店，使顾客在浏览网店时更好地了解商品信息。设计与制作导航时，应先了解设计与制作的要求，基本构思好后再制作，不可盲目开始。

◆ 项目检测

一、填空题

1.常见的导航类别有：__________、__________、__________。

2.设计导航的要求主要有：__________、__________、__________、__________。

二、单选题

1.一个什么样的导航能让顾客在离开网店时感觉享受了一次愉快的旅程？（　　）

A.合理　　B.好看　　C.准确　　D.明确

2.第一时间引导顾客指向他所需要的信息栏目的导航是（　　）。

A.主导航　　B.次导航　　C.分类导航　　D.其他导航

3.当客户浏览网店时，可以通过（　　）进入其他栏目。

A.主导航　　B.次导航　　C.分类导航　　D.其他导航

4.想要突出温馨浪漫的气氛，导航可以使用以（　　）为主的色彩搭配。

A.紫色　　B.黑色　　C.蓝色　　D.绿色

5.如果网店主要销售服装，导航内容不可以含有（　　）。

A.连衣裙　　B.外套　　C.衬衫　　D.皮鞋

6.如果想客户了解网店的畅销商品，导航中可以设置（　　）。

A.夏季特卖　　B.商场同款　　C.优惠专区　　D.热卖爆款

三、判断题

1.顶部导航还是“不漂亮”为好。（　　）

2.从用户体验的角度来讲，大多数的淘宝买家已经习惯了简单、常规的导航。（　　）

3.导航图片以传达信息为重，不要过于抢眼。（　　）

4.导航中一定要有很多类型的促销活动。（　　）

5.可以在淘宝卖家中心制作网店的主导航。（　　）

6.在制作导航时，可以对商品进行分类。（　　）

7.导航栏目的顺序可以根据需要进行自由调整。（　　）

四、简述题

1.简述设计导航的意义。

2.简述网店导航的分类。

◆ 项目评价

任　务	标　准	配分	得　分
设计导航	能描述导航的定义	10分	
	能描述导航的作用	10分	
	能描述常见的几种导航类别	20分	
	能描述导航设计的要求	20分	
制作导航	能正确设置导航大小	10分	
	能合理搭配导航色彩	10分	
	能合理分配导航内容	10分	
	能合理设置文字格式	10分	
总　分		100分	

项目四
海报的设计与制作

【项目概述】

王力师傅向李东展示了一张网店海报，然后问李东："你觉得这张海报漂亮吗？"李东点点头，然后接着问王力师傅："海报设计有哪些关键点呢？"王力师傅说："海报必须要吸引顾客的眼球，使人印象深刻，可以根据自己的商品和公司定位、经营理念来设计海报。店铺海报还直接影响着目标消费群体的点击率，点击率提高了，销量也自然会提高。"按照前面的学习步骤，李东跟着王力师傅开始学习海报的设计与制作。

【项目目标】

知识目标

+ 了解海报的分类；
+ 理解宣传海报的作用；
+ 熟悉宣传海报的设计要素。

技能目标

+ 掌握海报的设计方法；
+ 根据店铺特点制作海报。

思政目标

+ 培养学生从中国传统文化中获取设计灵感的能力；
+ 培养学生的版权意识。

[任务一] NO.1

设计海报

◆ 任务描述

王力师傅告诉李东，店铺海报必须有强大的号召力与艺术感染力，要调动形象、色彩、构图、形式感等因素，从而形成强烈的视觉效果；海报的画面应有较强的视觉中心，应力求新颖、单纯，还必须具有独特的艺术风格和设计特点。那应该如何来设计海报？店铺海报包括哪些要素？我们一起跟随王力师傅来认识海报吧。

◆ 任务实施

活动一　认识海报

1.海报的定义

海报这一名称，最早起源于上海。旧时，海报是用于戏剧、电影等演出或球赛等活动的招贴。上海人通常把职业性的戏剧演出称为“海”，而把从事职业性戏剧的表演称为“下海”。后来，人们将公布剧目演出信息，用于宣传并招徕顾客的张贴物称为“海报”。

海报设计是视觉传达的表现形式之一，通过版面的构成在第一时间内将人们的目光吸引住，并获得瞬间的刺激。这就要求设计者要将图片、文字、色彩、空间等要素进行完美的结合，以恰当的形式向人们展示出宣传信息。

2.海报的分类

网店宣传海报按位置可分为首页海报和详情页海报。首页海报位于店铺的首页，而详情页海报则放在商品的详情页中。

网店宣传海报按大小又分为全屏海报和普通海报。

全屏海报：包括旺铺本身的店招、标题栏以及海报的主体内容。因为整体表现统一，效果协调，越来越受到大家的喜爱。店铺的全屏海报效果能为店铺装修锦上添花，增加店铺的美观度，如图4-1所示。

普通海报：普通海报固定在轮播区或者商品详情页中而不包含店招、标题等内容，只需要设计与产品或活动相关的内容即可，如图4-2所示。

图 4-1 全屏海报

图 4-2 普通海报

3.海报的作用

网店宣传海报的作用是准确表达信息、树立商品品牌形象、吸引顾客、增加点击量、增加店铺流量，从而促进顾客消费。

4.海报的构成要素分析

海报的构成要素包含文字、色彩、图形3个方面，如图4-3所示。

图 4-3 海报的构成要素

（1）文字

设计者需掌握中外字体的一般常识，不同的字体给人的心理感受是不一样的，美的字体能使人感到愉悦，起到帮助顾客阅读的作用。

报字体设计

文字分为衬线字和非衬线字两种。

衬线字：在字的笔画开始、结束的地方有额外的装饰，而且笔画的粗细会有所不同。中文字体中的宋体就是一种标准衬线字体，衬线的特征非常明显，字形结构也和手写的楷书一致。因此宋体一直被认为适合作为正文字体。不过由于强调横竖笔画的对比，在远处观看的时候横线就被弱化，导致识别性下降。常用的衬线字体还有Times New Roman、Georgia等。图4-4所示几种字体就是衬线字体。

图 4-4　衬线字体

非衬线字：笔画中没有额外的装饰，而且笔画的粗细基本一致。常用的非衬线字体有Verdana、Arial、微软雅黑等，如图4-5所示。

Happy　Happy　优惠

图 4-5　非衬线字体

在海报设计中，文字主要包含标题和广告语两方面的内容。在设计时要注意以下事项：

● 标题要醒目。标题要体现主题思想，尽管标题只有几个字，但是要利用点睛之笔给人以丰富的联想，深邃的意境，如图4-6所示。带有标题的海报的阅读率往往要高于无标题的海报。语言要生动活泼，富于创意，但是用词要贴切，不要生搬硬套，更不要题不对文，故弄玄虚。标题不宜过长，最好控制在几个字以内。有人认为超过十个字的标题，读者的记忆力要降低50%。标题的字体要区别于副标题和正文的字体。一般来说，用大号字体为宜。

图 4-6　海报标题

● 广告语要耳目一新。广告语是海报的点睛之笔，需要发掘商品的特点，从而提炼出适合的内容，如图4-7所示。广告的语言表达要规范完整，避免语法错误或表达残缺，避免产生歧义或误解。此外，要以尽可能少的语言和文字表达出宣传商品的精髓，实现有效的广告信息传播。简明精练的广告文案有助于吸引顾客的注意力。广告语可以分为以下几种形式：

情报式——移动单向收费啦！

疑问式——胃，你好吗？

口号式——精心设计，一切为你开始。

图 4-7　广告语设计

 **做一做**

请同学们为以下产品设计一款宣传广告语。

（烤箱）：________________________________

（手套）：________________________________

（香橙）：________________________________

（2）色彩

具有象征性的色彩比图文对人的心理影响更为直接，它具有更感性的识别效果。现代商业设计对色彩的应用更是上升到“色彩营销”的策略，成为产品促销、品牌塑造的重要手段。在海报设计中常用的配色方法有4种：参考配色、商品取色、直觉配色、理论依据，最常用的是参考配色。

微课

海报配色

参考配色就是选择优秀案例中背景的颜色、标题的颜色、搭配元素的颜色，作为设计内容的参考。在找参考物的时候，可以收集天猫或淘宝店铺的优秀海报案例，千万不要只参考同类商品的配色，只要优秀的设计都可以作为参考。主要步骤为：

①查找参考案例，然后是提取配色，如图4-8所示。

图 4-8　提取参考配色

②应用配色到自己的海报中。从背景到标题，为了搭配和谐，需要多尝试，不管是颜色的纯度，还是明度的变化，都可以适当地调整，如图4-9所示。

图 4-9　应用参考配色

做一做

请同学们分析图4-10所示的宣传海报，提取参考配色，思考配色方案可以应用在哪些产品中？

图 4-10 海报范例

（3）图形

图形作为海报的视觉语言，它又分为具象图形、抽象图形、绘画图形（素描、漫画、水彩、版画、水墨画等）、摄影图形等表现形式。

具象图形：对自然、生活中的具体物象进行一种模仿性的表达。具象图形设计主要取材于生活和大自然中的人物、动物、植物、静物、风景等，其图形特征鲜明、生动，因贴近生活而富有感染力，如图4-11所示。

抽象图形：在21世纪的平面设计中应用非常广泛。点、线、面组成了图形，但是需要根据一定的规则和要求进行排列，每个元素都是存在于图形中的必备要素。抽象图形根据不同的排列和组合可以产生千变万化的效果，最常见的如三角形、矩形、梯形、圆形及许多不规则图形。将抽象图形用于平面设计，能使平面设计更加丰富多彩、生动形象，达到意想不到的效果，如图4-12所示。

图 4-11 具象图形

图 4-12 抽象图形

绘画图形：利用绘画技法手段对海报的设计图形进行加工处理，用最简化、最少的形态完成艺术的再现，创造高度浓缩观念的、极富内涵和个性的视觉图形语言，设计更贴近人们的生活，注重与人的情感交流和对话，具有强烈的视觉冲击力，如图4-13所示。绘画图形大多以抽象的形式使人产生悬念或意念，来创造一种理想的气氛。绘画图形中的卡通漫画可分为幽默性和滑稽性两种。幽默可逗人一笑，滑稽则可使人难以忘怀，都能起到很好的宣传效果。

图 4-13　绘画图形

摄影图形：在商品广告中用摄影的形式来体现商品，以加强广告的真实感。摄影图形传递着关于商品的信息，激发顾客购买商品的欲望，通过表现商品的结构、形状、用途和色彩等特点，最终促成商品的销售，如图4-14所示。

图 4-14　摄影图形

图形是图像的构成要素，在海报设计中图像必须要能够最大化地渲染氛围。图像就是用视觉的艺术手段来传达商品信息，增强记忆效果，让消费者能够以更快、更直观的方式接收信息。图像内容要突出商品个性，通俗易懂、简洁明快，有强烈的视觉效果。一般图像是围绕着标题和正文来展开的，对标题起衬托作用。如图4-15所示，在端午节期间销售的粽子选用了屈原画像和水墨风格的画面来设计海报。

图 4-15　图像范例

扩展

中国传统纹样

想一想

请同学们思考以下类型的商品可以用什么样的图像来设计海报？

办公用品：______________________________

展

赏中国传统
样

法式糕点：______________________________

母婴用品：______________________________

超薄电视机：______________________________

5.海报的设计风格

海报设计的风格必须立意明确。海报的风格定位取决于店铺和商品的目标消费群体定位。从图4-16中可以看出不同行业的产品风格定位是大不一样的。

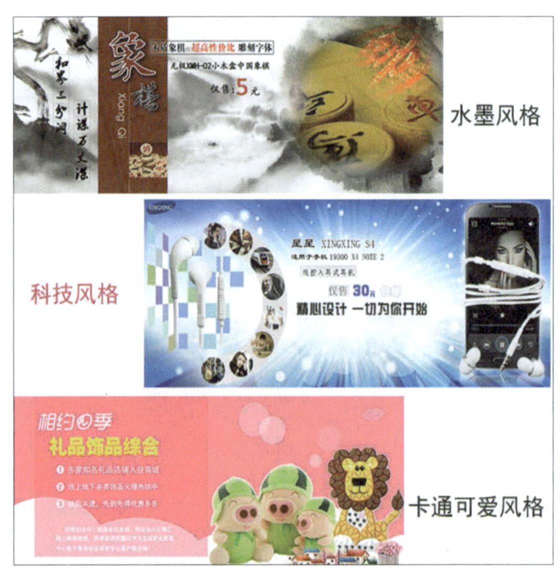

图 4-16　海报风格

阅读有益

风格元素

水墨风格：水墨艺术语言作为视觉传达设计表现手法之一，符合中国人的审美观念，体现了中国厚重的文化底蕴和艺术特色，可以用在传统节日商品或中国风古典艺术商品的表现上，这种风格的海报可以包含如茶具、象棋、文房四宝、陶瓷、书画等元素，如图4-17所示。

图 4-17　水墨风格的元素

科技风格：这种风格主要用于电子产品、家居、建材等商品的海报设计，主要表达的是炫酷的科技感，并提升产品的品质感。采用的元素可以是大量的抽象图形，如图4-18所示。

图 4-18　科技风格的元素

清新可爱风格：这种风格适合用于服装、饰品等商品的海报设计。这些商品的目标群体主要是年轻女性，采用的元素可以包含具象图形、绘画图形等。

YUEDUYOUYI

做一做

①请分析图4-19所示的宣传海报，从中能得到哪些信息？它是什么风格，风格的确定因素有哪些？

图 4-19　海报范例 1

②请分析图4-20所示的宣传海报，它包含了哪些文字信息、色彩和图形，其设计意图分别是什么？将答案填入表4-1中。

图 4-20　海报范例 2

表4-1　内容和设计意图

分析项目	文　字	图　形	色　彩
内容			
设计意图			

活动二　掌握海报的设计要领

海报的设计步骤：先要明确海报的目的和目标受众，知道他们接受的呈现方式是怎样的，了解同行业中同类商品的海报设计，之后再确定海报的体现策略、创意点、表现手法等，最后确定海报如何与产品结合，如图4-21所示。

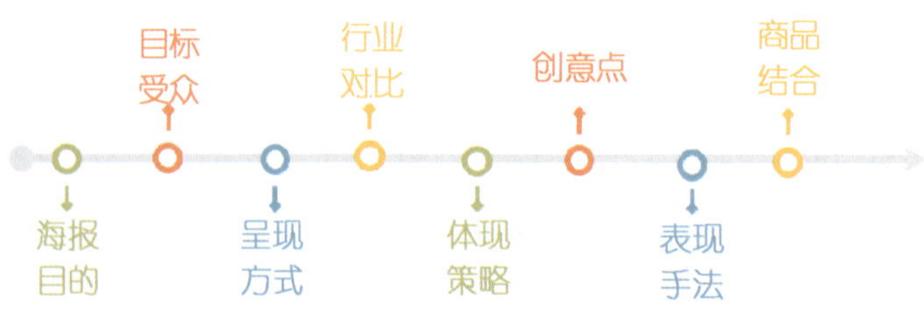

图 4-21　海报的设计步骤

明确了海报设计步骤的同时，在进行设计的时候还需要注意以下几点：

1.明确主题

海报的主题需要有个性和独到之处。主题中的信息个性来自该商品不同于其他商品的独特之处，尽管这一特色可能对消费者来说并非是最重要的，但它能让消费者产生额外的价值感。要想海报发挥有力的促销效果，必须指向明确，主题集中，如图4-22所示。

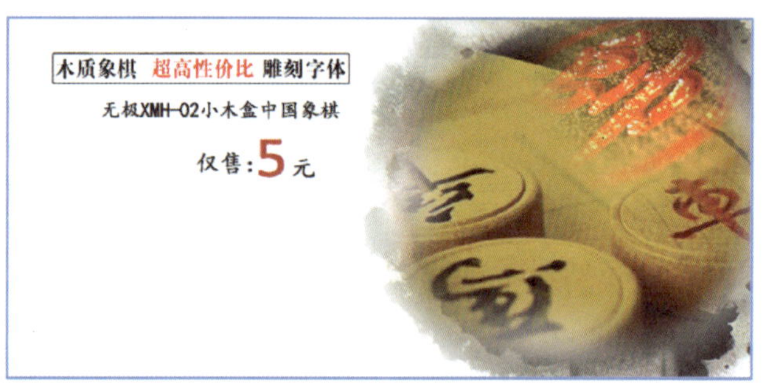

图 4-22　明确主题

2.文本设计

突出重点文字，通过字体、字号、加粗、颜色等设计让重点文字突出。

3.符合阅读的习惯

顾客在浏览网页时，习惯从上到下，从左到右进行阅读。海报的上方比下方更能吸引顾客的注意力，其左侧比右侧更能吸引顾客的注意力。

4.视觉设计有冲击力

要设计具有视觉冲击力的海报，必须要把握体现策略。体现策略主要是展示海报的广告宣传功能。体现策略包含以下几种：

①生活信息策略：针对理智购买的消费者而采用的策略。通过类似新闻报道的手法，让消费者获得有益于生活的信息，如图4-23所示。

图 4-23 生活信息策略

②塑造企业形象策略：一般适合于老厂和名厂的传统优质名牌产品，主要是强调企业规模的大小及其历史，从而使消费者产生信任感，在其心目中树立起行业领导者的形象，如图4-24所示。

③象征策略：主要是为了调动心理效应而制订的。通过借用一种东西、符号或人物来代表商品，以此塑造企业的形象，给予人们以情感上的感染，唤起人们对产品质地、特点和效益的联想。同时，由于把企业和产品的形象高度概况和集中在某一象征上，能够有益于记忆，扩大影响。

④承诺式策略：这是企业为使其产品赢得用户的依赖而在广告中做出某种保证。其真谛是：所做出的承诺，必须确实能够达到，否则，就变成了欺骗。

⑤推荐式策略：采用第三者向消费者强调某商品或某企业的特征，以取得消费者的信赖。对于某种商品，权威专家的肯定、科研部门的鉴定、历史资料的印证、科学原理的论证都是一种有力的证言，可以产生“威信效应”，从而得到消费者的信任，如图4-25所示。

图 4-24 塑造企业形象策略

图 4-25 推荐式策略

⑥比较性策略：这是一种针对竞争对手而采用的策略，即是将两种商品同时并列，加以比较。比较可以体现商品的特异性能，是调动信任的有效方法。常用的比较方法有：功能比较、革新对比、品质对比。

⑦打击伪冒策略：这是针对伪冒者而采取的策略。鉴于市场上不断出现伪冒品，为避免鱼目混珠，维护企业名牌产品的信誉，就需在海报中提醒消费者注意其名牌产品的商标，以防上当。

⑧人性策略：这是把人们心理上千变万化的感受，加以提炼和概括，结合商品的性能、功能和用途，以喜怒哀乐的情感在海报中表现出来。其最佳的表现手法是塑造消费者使用该产品后的欢乐气氛，通过表现消费者心理上的满足，来保持该产品的长期性好感，如图4-26所示。

图 4-26　人性策略

⑨猜谜式策略：不直接说明是什么商品，而是将商品渐次地表现出来，让顾客好奇而加以猜测，然后一语道破。这种策略适宜于尚未发售的商品，如图4-27所示。

图 4-27　猜谜式策略

⑩如实相告策略：如实告诉顾客应当了解的情况，强化商品形象，争取顾客信任，如图4-28所示。

图 4-28　如实相告策略

5.色彩搭配合理

颜色可大致分为3类：暖色、冷色、中性色。暖色包括红色、橙色、黄色等；冷色有青色、蓝色、紫色、白色等；黄色、绿色等介于两者之间，属中性色。颜色的分布可以用一个色盘来表现，如果4-29所示。

色彩搭配方式包括暖色搭配、冷色搭配、对比色搭配。

- 暖色搭配：即红色、橙色、黄色等色彩的搭配。这种搭配的运用，可使海报呈现温馨、和煦、热情的氛围。
- 冷色搭配：即青色、绿色、紫色等色彩的搭配。这种搭配的运用，可使海报呈现宁静、清凉、高雅的氛围。
- 对比色搭配:即把色性完全相反的色彩搭配在同一个空间里，如红与绿、黄与紫、橙与蓝等，如图4-30所示。这种搭配的运用，可以产生强烈的视觉冲击效果，给人亮丽、刺激的感觉。

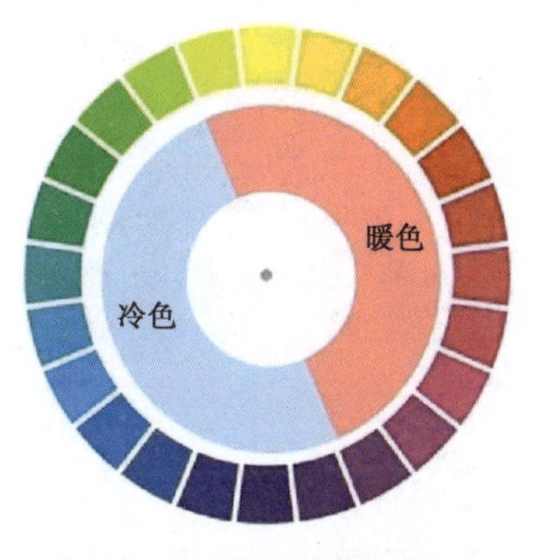

图 4-29　色盘

图 4-30　对比色

在生活节奏越来越快的今天，为使忙碌的人们能在瞬间注意到店铺宣传的内容，海报色彩多采用对比强烈的色彩搭配。因此，色彩对比是海报设计常用的表现手法之一，其目的在于尽可能使主题形象鲜明夺目，在瞬间快速传递给顾客，并使其留下深刻印象。

6.产品数量适宜，构图合理

微课

海报构图

宣传海报中的商品数量不宜太多，选择具有代表性的主打商品即可，并且进行合理排版。网店海报通常采用“图片+价格+名称+促销”的表现手法，常见的构图版式有以下几种：

①左图右文：字体上粗下细，上下主次分明，形成对比，文案的排版显得稳重，如图4-31所示。

模特 / 产品

主标题

促销文案

价格

图 4-31　左图右文构图

②右图左文：字体上粗下细，字号上大下小，促销打折区域的内容精练，如图4-32所示。

图 4-32　右图左文构图

③多栏分布（两边图中间文字）：利用近景、远景的摄影图像产生对比和呼应，常见于模特海报，如图4-33所示。

图 4-33　多栏分布构图

④多产品展示：产品平行排版，中间利用半透明图形框展示文案，如图4-34所示。

图 4-34　多产品展示构图

⑤斜切式：这种构图会让画面显得时尚、动感，但在设计时需要注意画面的平衡控制，一般文案的倾斜度不大于30°，文字向右上方倾斜是便于阅读的，如图4-35所示。

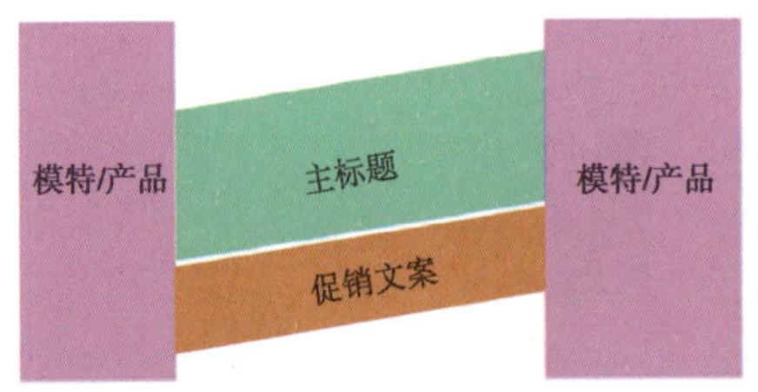

图 4-35　斜切式构图

做一做

请为“乐享办公用品旗舰店”的宣传海报设计一款构图。

7.信息量适度

海报中的要素信息包括背景、文案、产品信息、主标题、副标题、附加内容等。在设计海报时要注意，信息量适度，不宜过多，争取让顾客在0.3秒内读完所有内容。

想一想

请对比分析以下两幅海报（见图4-36），从产品和信息数量上来分析哪一幅海报更好？

图 4-36　分析两张海报的信息量

8.留白合理

海报中适当地留白可以让海报显得更加高端、大气。此外，留白还有以下几个作用：

①符合人的阅读习惯；

②加强虚实对比，营造空间感，突出主题；

③增加画面意境，突出气氛，传递精神情感。

做一做

请分析图4-37所示海报的特征。

图 4-37　海报示例

- 产品类别：______________________________
- 主色调：______________________________
- 构图方式：______________________________
- 产品呈现方法：______________________________

活动三 设计“乐享办公用品旗舰店”的海报

海报的目的：办公用品促销。

海报的受众：网店顾客，主要为办公室职员或学生。

图 4-38 色彩设计

呈现方式：在设计店铺宣传海报时，要考虑店铺整个页面的风格，尽量避免与主色调产生强烈对比，如果要用对比色，可以考虑降低纯度和透明度。乐享办公用品的宣传海报根据商品的色彩采用“暖色调+互补色”的方式来进行设计，如图4-38所示。

行业对比：浏览同类产品的促销海报，从中发现其优点，如图4-39所示。

图 4-39 分析同类产品海报

体现策略：在乐享办公用品的促销中主要采用陈述式的生活信息策略来体现内容，以“乐享办公季”为主标题来开展促销活动。

创意点：可以从促销广告词及文案的艺术设计上进行创意。对于乐享办公用品采用品牌形象法进行创意设计，采用卡通办公女郎形象作为本次海报的主角，如图4-40所示。

表现手法：采用多产品展示构图，如图4-41 所示。

图 4-40 卡通形象

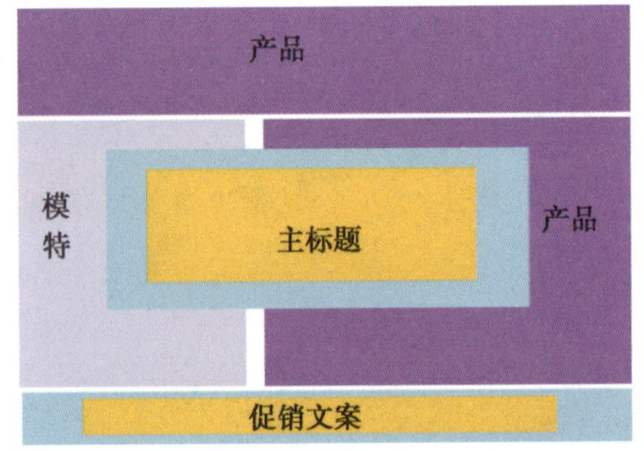

图 4-41 乐享办公用品海报构图

产品结合：观察产品亮点选择背景色，可以有以下两种方案：

①将拍摄的图片直接作为背景图，再设计活动文案；

②通过抠图的方式提取产品图像，背景根据产品灵活变动，再设计文案版式。

在乐享办公用品的宣传海报中，选择的是座牌作为优惠商品，订书机、笔等文具作为修饰图像，如图4-42所示。首先，采用“抠图”的方式提取产品，然后通过调节亮度、增加阴影的方式修饰产品图片，最后将产品图片合成到宣传海报的其他素材中。

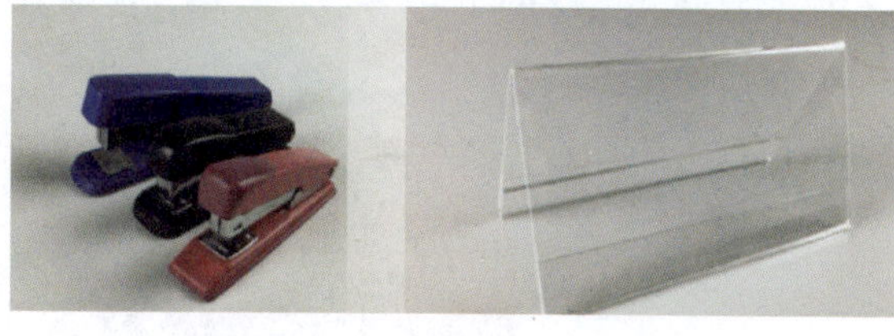

图 4-42 产品实拍图

阅读有益

几种经典广告创意法

(1) 固有刺激法：强调发掘产品本身的戏剧性、固有的刺激、产品与消费者的相互作用，广告创意的任务是将其发掘并重加利用。

(2) USP法：USP的英文全称是Unique Selling Proposition，中文意思是独特的产品销售，这种广告方法就是依靠产品的独特卖点进行宣传。

(3) 品牌形象法：广告最主要的目标是塑造品牌服务。任何广告都是对品牌形象的长期投资。随着同类产品差异性渐小，品牌间同质性渐大，消费者的理性减小，因此，描绘品牌的形象比强调产品具体功能更重要。消费者的购买追求是“物质（实质）利益+心理利益”，而不只是产品本身，广告应重视运用形象来满足消费者的心理需求。

(4) 实施重心法：抓住核心问题，将其变成一个图像刺激和诚实可信的优点。创意不是夸大或虚饰，要使广告信息单纯化、清晰化、戏剧化，给消费者留下深刻印象。

(5) 定位法：替处于竞争中的产品树立一些便于记忆、新颖别致的东西，从而使之在消费者心中站稳脚跟。

YUEDUYOUYI

快乐成长

淘宝法律声明

淘宝提醒您：在使用淘宝平台各项服务前，请您务必仔细阅读并透彻理解本声明。您可以选择不使用淘宝平台服务，但如果您使用淘宝平台服务，您的使用行为将被视为对本声明全部内容的认可。“淘宝平台”指由浙江淘宝网络有限公司（简称为“淘宝”）运营的网络交易平台，域名为taobao.com以及淘宝启用的其他域名。

鉴于淘宝提供的服务属于电子公告牌（BBS）服务，淘宝平台上关于淘宝平台会员或其发布的相关商品（包括但不限于店铺名称、公司名称、 联系人及联络信息，产品的描述和说明，相关图片、视讯等）的信息均由会员自行提供，会员依法应对其提供的任何信息承担全部责任。

任何单位或个人认为淘宝平台网页内容（包括但不限于淘宝平台会员发布的商品信息）可能涉嫌侵犯其合法权益，应该及时向淘宝提出书面权利通知，并提供身份证明、权属证明、具体链接（URL）及详细侵权情况证明。淘宝在收到上述法律文件后，将会依法尽快移除相关涉嫌侵权的内容。

淘宝平台转载作品（包括论坛内容）出于传递更多信息之目的，并不意味淘宝（包括淘宝关联企业）赞同其观点或证实其内容的真实性。淘宝网尊重合法版权，反对侵权盗版。若本网有部分文字、摄影作品等侵害了您的权益，在此深表歉意，请您立即将侵权链接及侵权信息邮件至我们的版权投诉邮箱：tb-ipr@service.taobao.com，我们会尽快与您联系。

KUAILECHENGZHANG

◆ 任务拓展

1.为迎接12月12日的年终盛典，请同学们设计一款“双12”的首页活动海报，参考效果如图4-43所示。

图 4-43 “双 12”首页活动海报

2.请同学们设计一款七彩流苏耳环的详情页海报，参考效果如图4-44所示。

图 4-44 七彩流苏耳环的详情页海报

3.请为芒果节设计一款宣传海报，参考效果如图4-45所示。

图 4-45 芒果节宣传海报

[任务二]

NO.2

制作海报

◆ 任务描述

通过前面的学习，李东已经知道了海报的设计步骤和设计要点，现在“乐享办公用品旗舰店”要做一次促销活动，王力师傅自然将制作海报的任务交由李东来完成。

◆ 任务实施

根据设计思路完成“乐享办公用品旗舰店”的宣传海报的制作。

活动一　制作海报背景

制作海报背景的操作步骤如下：

①新建950像素×650像素，分辨率为72像素/英寸，背景内容为白色的文件。

②设置海报背景。使用“钢笔”工具绘制背景形状，使用“渐变填充”工具设置背景色，背景色分别为橙白渐变（#ff6c00→#ffffff）和红白蓝渐变（#f68080→#ffffff→#079fbf），如图4-46所示。新建图层，使用“矩形”工具创建背景条纹，填充为白色，设置图层透明度为“20%”，如图4-47所示。

图 4-46　绘制渐变背景

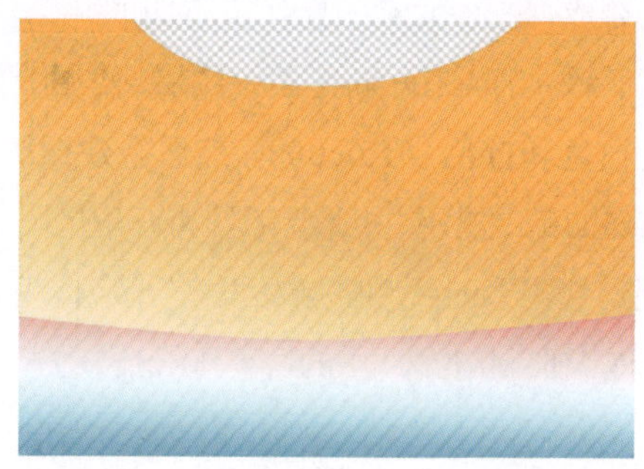

图 4-47　添加背景条纹

③添加修饰图像。将“项目四/素材”中的“卡通人物girl.png”添加到背景中，然后新建图层，使用“椭圆”工具绘制图形，并填充颜色为白色，如图4-48所示。

图 4-48　导入卡通人物

④新建图层，使用“文字蒙版”工具，添加标题文字“乐享办公季”，字体为微软雅黑，字号为60号。在路径面板中单击并将其转换为路径，然后使用“钢笔”工具编辑形状文字，最后将路径又转为选区，填充字体颜色为蓝色（#009cbd）并添加描边和投影的图层样式，效果如图4-49所示。

图 4-49　海报效果

活动二　合成海报各元素

合成海报各元素的操作步骤如下：

①添加商品图。新建两个图层，使用“形状”工具绘制两个同心圆，并分别为其填充颜色为白色和橙色（#ff6c00）。然后新建图层，使用“钢笔”工具绘制星形图形，填充颜色为“#ff8d39”，使用“矩形”工具和五角星图形添加修饰的黑色矩形和星形，填充为黑色。添加促销文本“new”和“新品发布”，字体为方正仿宋，字号分别为30和12，效果如图4-50所示。将“项目4/素材”中的“文具1.jpg”和“文具2.jpg”导入到图像文件中，如图4-51所示。

图 4-50　绘制图形

图 4-51　导入文具图片

②添加装饰文案。新建图层，使用“钢笔”工具绘制图形，并为图层设置投影样式。新建图层，使用“钢笔”工具绘制路径，然后使用“文本”工具，添加路径文字“桌面办公、财务办公”等，字体为仿宋，字号为14号，颜色为黑色，效果如图4-52所示。

图 4-52 添加文字

③设置促销文案。促销文案设计语言精练，有吸引力，色彩鲜明。新建图层，使用“图形”工具绘制钟表图形。然后使用“文本”工具添加大标题文本：“限时打折抢购”“耗材1元秒杀”“积累消费返现”（微软雅黑，18号，白色），添加小标题文本：“便利贴 订书机”“剩余时间”“满100元返现金5元”（微软雅黑，14号，白色），如图4-53所示。

图 4-53 添加广告语

最终效果如图4-54所示。

图 4-54 海报最终效果

◆ 任务拓展

1.请同学们设计并制作“宜购生活用品旗舰店”的海报，参考效果如图4-55所示。

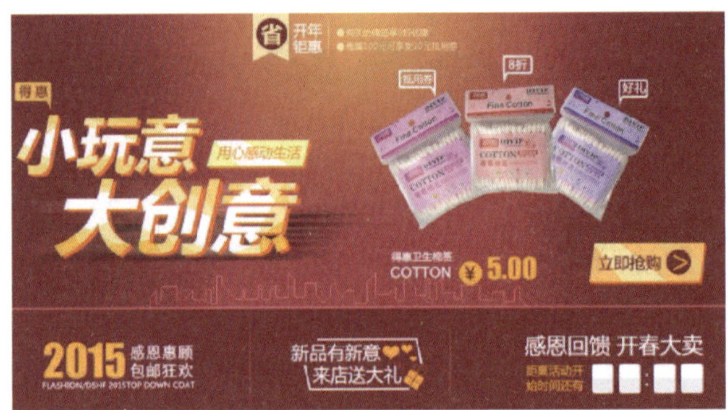

图 4-55　参考效果图

2.请同学们为短靴和帆布鞋设计一款促销海报，参考效果如图4-56和图4-57所示。

图 4-56　短靴海报

图 4-57　帆布鞋海报

3.端午佳节来临之际，请为粽子的促销设计一款海报，参考效果如图4-58所示。

图 4-58 短靴海报

快乐成长

淘宝知识产权声明

淘宝拥有淘宝平台网站内所有信息内容（除淘宝平台会员发布的商品信息外）的版权。

任何未授权的浏览、复制、打印和传播属于淘宝平台网站内信息内容都不得用于商业目的且所有信息内容及其任何部分的使用都必须包括此版权声明。

淘宝平台所有的产品、技术和程序均属于淘宝知识产权。“TAOBAO”“淘宝网”以及淘宝其他产品服务名称及相关图形、标识等为淘宝/阿里巴巴集团的注册商标。未经淘宝/阿里巴巴集团许可，任何人不得擅自（包括但不限于：以非法的方式复制、传播、展示、镜像、上载、下载）使用；否则，淘宝/阿里巴巴集团将依法追究法律责任。

KUAILECHENGZHANG

◆ 项目小结

通过本项目的学习，要掌握海报的构成要素和设计制作方法。能根据产品特征和店铺风格设计海报，为店铺带来更多的点击量，达到提升销量的最终目的。在进行海报设计的时候需要紧紧围绕以下几点：

①设计必须有强的号召力与艺术感染力。

②要调动形象、色彩、构图、形式感等因素形成强烈的视觉效果。

③海报画面应有较强的视觉中心，应力求新颖、单纯。

◆ 项目检测

一、单选题

1.中央构图，顾名思义就是将主体安排在画面的（　　）。

A.上方　　B.右边　　C.中心　　D.左边

2.以下属于商品首页的是（　　）。

A.商品海报　　B.主图　　C.商品信息　　D.评价信息

3.非衬线字的笔画中没有额外的装饰，而且笔画的粗细基本一致，下列是非衬线字体的是（　　）。

A.楷体　　B.宋体

C.微软雅黑　　D.Times New Roman

4.（　　）是强化商品形象，争取信任的广告策略。

A.猜谜式策略　　B.如实相告策略

C.人性策略　　D.象征策略

5.（　　）构图利用近景、远景的摄影图像产生对比和呼应，常见于模特海报。

A.左图右文　　B.右图左文

C.多栏分布　　D.斜切式

6.海报设计应该信息数量平衡，不宜过多，争取让观众（　　）秒读完。

A.0.3　　B.1　　C.2　　D.3

7.在进行海报整体设计的时候要注意的原则是包含70%的主色，25%的辅助色以及5%的点缀色，而（　　）留白可以让海报显得高端、大气。

A.60%　　B.50%　　C.30%　　D.10%

8.具象图形是对自然、生活中的具体物象进行一种摹仿性的表达,下列不是具象图形的是（　　）。

A.人物　　B.静物　　C.植物　　D.不规则几何图形

9.制作海报时，添加文字特效要使用Photoshop中的（　　）。

A.横排文字工具　　B.钢笔工具　　C.剪裁工具　　D.选框工具

二、多选题

1.基本的构图方法包括（　　）。

A.井字形构图　　B.中央构图　　C.对角线构图　　D.留出一定的空白

2.网络店铺首页一般包括以下哪些内容？（　　）

A.店招　　B.页面导航　　C.海报　　D.商品展示区

3.常用的衬线字体有（　　）。

A.Times New Roman　　B.楷体

C.宋体　　D.黑体

4.在海报设计中经常会用到的配色方法有（　　）。

A.参考配色　　B.产品取色　　C.直觉配色　　D.理论依据

5.颜色可大致分为（　　）。

A.对比色　　B.中性色　　C.冷色　　D.暖色

6.在进行海报设计的时候需要紧紧围绕以下哪些内容？（　　）

A.设计必须有相当的号召力与艺术感染力

B.要调动形象、色彩、构图、形式感等因素形成强烈的视觉效果

C.海报画面应有较强的视觉中心，应力求新颖、单纯

D.在满足消费者的互动外还必须具有独特的艺术风格和设计特点

三、简答题

1.简述网店海报的分类。

2.简述网店海报的构成要素。

3.简述设计海报的要领。

4.简述海报常用的构图方式。

◆ 项目评价

任 务	标 准	配分	得 分
设计海报	能说出海报的构成要素	10分	
	能提炼出海报的活动或商品的促销点	10分	
	海报的活动或商品图像选择合理	10分	
	活动体现策略，具有创意	10分	
制作海报	标题醒目	10分	
	构图合理	10分	
	广告词设计耳目一新	10分	
	活动或商品卖点清晰，有吸引力	10分	
	海报背景和装饰图案与商品的关联性强	10分	
	图片无失真和压缩变形，文字排版整齐	10分	
总 分		100分	

项目五
商品主图的设计与制作

【项目概述】

李东在王力师傅的指导下，完成了店招、导航、海报的制作，他感觉收获很大，信心满满地准备学习更多的内容。王力师傅告诉李东，主图是店铺引流的主要途径，商品要想在众多的同类商品中脱颖而出，主图的设计和制作就十分重要。在虚拟的网店里，无论是在商品搜索页面还是在店铺首页，顾客对商品的第一印象就来源于商品主图。主图清晰、美观、卖点突出、符合顾客心理预期才能激发顾客的购买欲望，使得顾客单击主图进入商品详情页。

【项目目标】

知识目标

+ 知道商品主图的定义及作用；
+ 熟悉商品主图的发布规范；
+ 知道商品主图的设计技巧。

技能目标

+ 能根据商品的行业标准挑选合适的主图；
+ 能够在5张图片以内全面展示商品卖点；
+ 能根据店铺的整体形象和营销计划设计并制作主图。

思政目标

+ 培养学生的诚信意识；
+ 培养学生正确的价值观，传播正能量。

[任务一] NO.1

设计商品主图

◆ 任务描述

“乐享办公用品旗舰店”的商品要发布到网店中，首先需要的就是商品主图。王力师傅让李东首先去自学商品主图的基础知识，包括主图的定义、规范和设计要点等，李东立刻开始了学习。

◆ 任务实施

活动一　了解商品主图的定义及规范

1.认识商品主图

商品主图是指位于商品详情页左侧上部的图片（见图5-1）。主图由首图（第一张图）和辅图（第二张及以后的图）两部分组成。其中首图还会出现在商品列表页和搜索页（见图5-2）等重要位置，主图是带给顾客的第一印象，因此非常重要。淘宝网一般抓取主图的第一张图片用于搜索页面的显示。

图 5-1　认识主图

图 5-2　搜索页面显示的主图

微课

主图的定义和作用

2.商品主图的作用

主图是顾客从店铺中了解商品的主要途径，规范的主图是提高商品点击率的重要因素。主图的作用如图5-3所示。

图 5-3　主图的作用

3.商品主图的制作规范

（1）主图尺寸

以淘宝网为例，主图的尺寸大小有相应的规定，如图5-4所示。

（2）实物图片

主图必须是实物拍摄图，以增加顾客的信任度。实物拍摄图是指该件商品本身的拍摄图片，不包括杂志图片、官方网站图片及宣传图片。例如，手表的实物拍摄图如图5-5所示。

微课

商品主图的规范

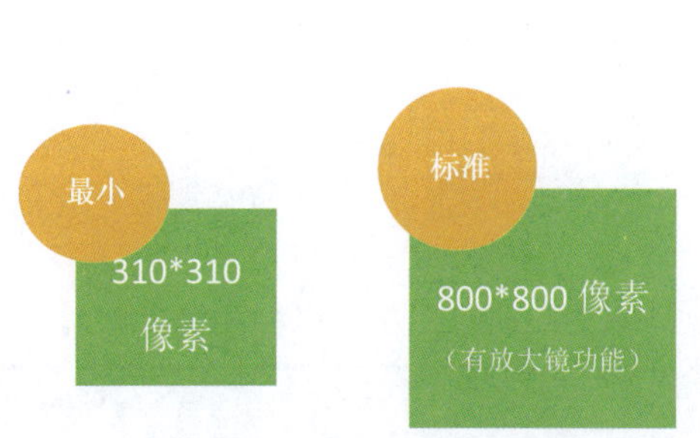

图 5-4　主图的尺寸规定

图 5-5　手表实物拍摄

(3) 主体突出

商品主体突出，无“牛皮癣”，如图5-6所示。

图 5-6　“牛皮癣”主图和标准的主图

(4) 遵守行业标准

遵守商品的行业标准，合理挑选主图。天猫针对不同类目有不同的主图标准，对上传张数、背景颜色、Logo大小和位置、细节图等都有不同的要求。

例如，3C数码行业标准主图发布要求见表5-1。

表5-1　3C数码行业主图发布要求

续表

第一张主图自定义设计，用于引流	第二张主图必须是清晰的白底图，图片不得拼接，不得出现水印，不得包含促销、夸大描述等文字说明	如果是强制3C认证的商品，必须在第三张主图上展示3C认证标志	如果是强制要求有能效标志的商品，必须在第四张主图上展示能效标志	其余主图由商家自定义设计。推荐展示：商品品牌信息、商品细节图、商品卖点、促销活动等信息

【友情提示】天猫各类目行业标准查询方法：进入天猫首页，在右上角单击“商家支持”→“商品品控”即可查看，如图5-7和图5-8所示。

图 5-7　查询行业标准的途径

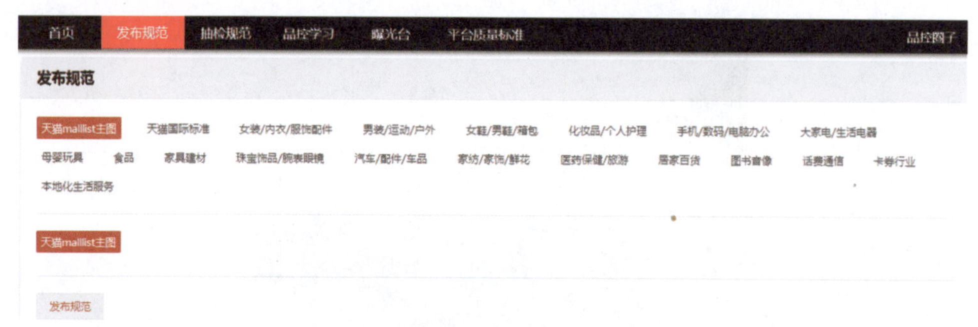

图 5-8　商家品控页面

注意：商品行业标准可能会随时更新，请注意查看最新标准。

（5）突出卖点

根据作用和商品卖点来制作主图，利用主图展示商品卖点与细节，激发顾客的兴趣。例如，一款好孩子牌的湿巾主图如图5-9所示。第一张主图是位置展现图，是访客进入店铺的门户，是出售商品给人的第一印象，淘宝将抓取此页面用于搜索。第二张主图遵守了天猫家居生活用品行业标准，采用纯白色背景。第三张主图总结了湿巾的用途。第四张主图突出了商品的卖点。第五张主图展示了商品的包装。

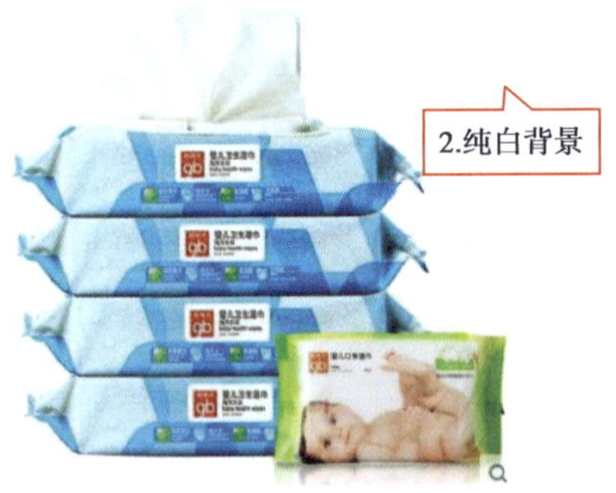

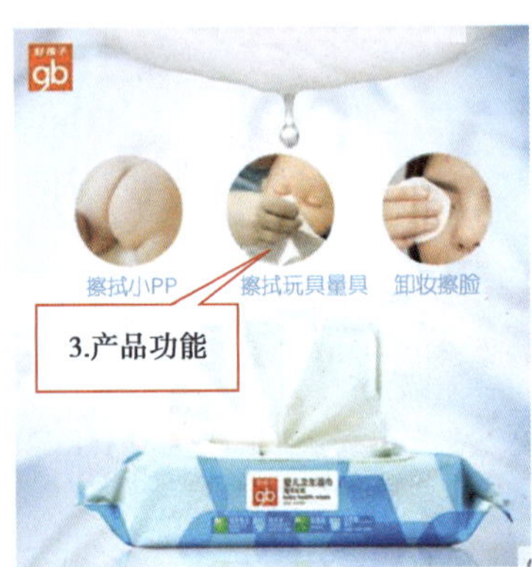

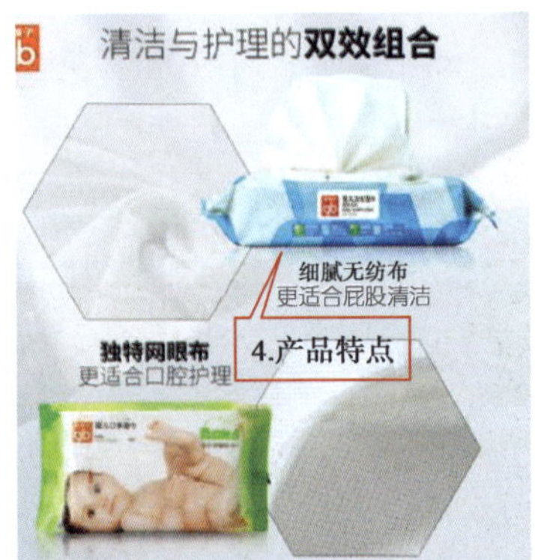

图 5-9　湿巾的 5 张主图

阅读有益

主图视频发布规范

为了提高商品的转化率，让顾客更直观、形象地了解商品的功能和作用。在很多电商平台发布商品时，除了要上传5张商品图片外，还要求上传主图视频。以淘宝网为例，主图视频的尺寸、时长、内容要求如图5-10所示。

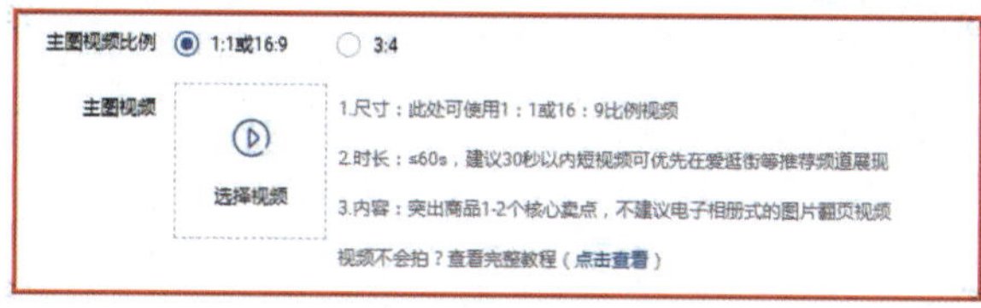

图 5-10　主图视频发布要求

YUEDUYOUYI

做一做

查询“居家百货”的行业标准以及主图的发布规范。

发布规范

微课

商品主图设计要领

活动二　掌握主图的设计要领

商品主图是消费者了解这个商品的“开始”，也是推广商品的唯一“入口”，优化商品主图，可以提高商品的点击率。商品主图的设计主要包括背景、商品、文案3个要素。

一、背景

1.纯色背景

纯色背景可以更加突出商品，给人清晰干净的感觉，更容易添加商品卖点与促销信息。但要注意背景和商品本身的颜色要有差异，要对商品进行抠图，如图5-11所示。

2.功能场景背景

搭建功能场景，可以增加图片的立体感，使得层次更丰富，可以满足消费者的心理需求和想象，更容易被关注，如图5-12所示。

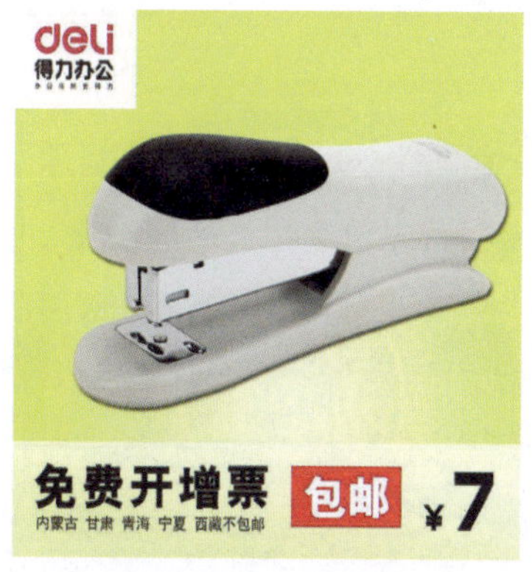

图 5-11　纯色背景

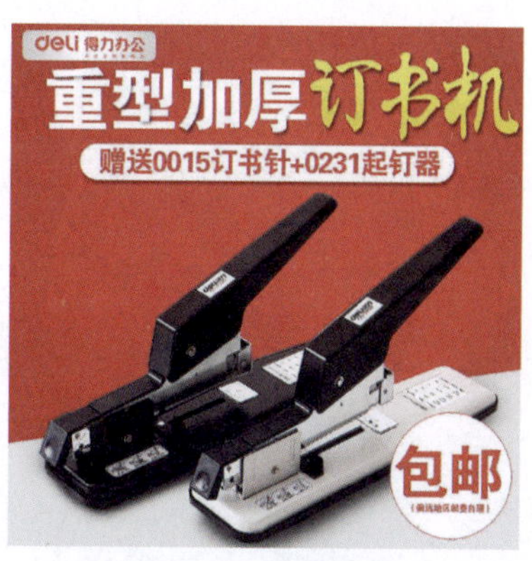

图 5-12　功能型场景

图 5-13　商品处于主图的中间位置

二、商品

1.保证商品的重要位置

商品尽量不要被任何素材及文字覆盖，要保证图片与素材或文字的间距至少有10像素的宽度。商品的面积占比至少为30%，如图5-13所示。

【友情提示】在进行商品拍摄时，作为“配角”的搭配物品一定要注意主次关系，避免造成消费者的误解。商品永远要占2/3以上的画面面积，消费者才会自动根据图片中的比例关系去区分商品。

2.保证图片的清晰度

作为产品主图，清晰度是最为重要的。清晰的图片能给人一种很强的品质感。因此在进行图片处理的时候，要注意将较暗的图片通过色阶调亮，模糊的图片可以适当锐化，让它变得更清晰，如图5-14所示。

图 5-14　清晰的鞋子

【友情提示】在缩放商品图片时，商品会相应变模糊，因此在缩小商品后适当锐化一次，不要超过两次，这样商品看上去更有质感。但是，缩小了的图片切勿直接放大，如果觉得商品图片缩放得太小了，可以用高精度原图重新缩放。

图 5-15　突出卖点

三、文案

1.精准提炼商品的卖点

主图的文案首先要突出商品的卖点，可以是功能、优势或价格等，只有卖点清晰才能吸引消费者点击，如图5-15所示。

【友情提示】主图的卖点必须精练、准确，功能类商品以展示功效为主，对于优势突出的商品以展示优势为主，面向普通工薪消费人群的商品以展示优惠折扣为主。切勿盲目展示所有信息，否则事倍功半。

2.文字排版整齐统一

商品主图的文字排版需要整齐、统一。整齐即所有文字左对齐、居中对齐或右对齐。统一即字体、样式、颜色、大小、行距、字间距等相对一致，对于其中的重点信息可以通过改变字体大小或颜色来突出，如图5-16所示。

图 5-16　文案居中排列

做一做

通过前面的学习，你认为图5-17所示的主图有什么特点?

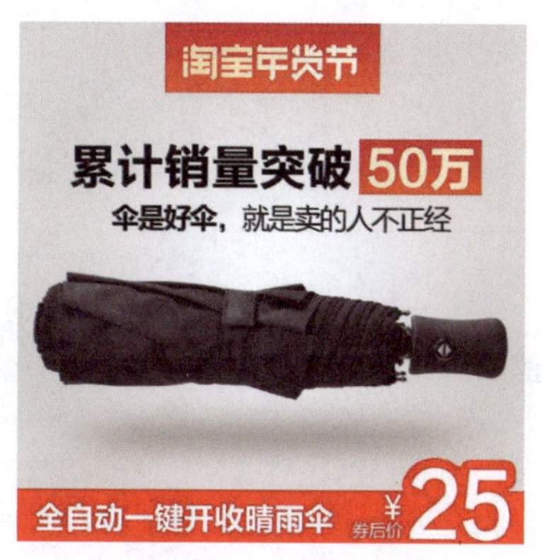

图 5-17　伞的主图

活动三　设计“乐享办公用品旗舰店”的主图

“乐享办公用品旗舰店”针对的消费者主要是办公室人员，消费者大多比较理智，且注重商品的实用性，因此，店铺的整体风格选用天蓝色，目前公司运营部针对新品有一定的促销折扣。

根据店铺的整体形象以及营销计划、产品的特点，“乐享办公用品旗舰店”的产品主图设计思路见表5-2。

表5-2 主图设计思路

设计定位：选择天蓝色的背景和店铺的整体风格统一，制作功能场景：翻页的效果，看到此商品就想到了办公	
突出商品与背景颜色的差异：因为有些办公商品本身的颜色也是蓝色，为了突出商品，可以在蓝色背景上绘制一个商品展示区	
保证商品的重要位置：商品的面积占比至少为30%以上	
优化文字信息，提炼卖点：根据公司的营销计划添加促销信息和营销导向	19.00 16.00 HOT 限时促销 乐享办公文件架 LOSONG

阅读有益

5个高点击率的构图技巧

1.对角线构图

对角线是正方形或者长方形不相邻的两个顶点的连线。把主体安排在对角线上，能有效利用画面对角线的长度，同时也能使陪体与主体发生直接关系，富于动感，显得活泼，容易产生线条的汇聚趋势，吸引人的视线，达到突出主体的效果，如图5-18所示。

2.均匀构图

均匀构图比较适合女装，主要通过模特的正面、侧面来展示，给人以满足的感觉，画面结构完美，安排巧妙，对应且平衡，如图5-19所示。

图 5-18　对角线构图

图 5-19　均匀构图

3.紧凑式构图

将景物主体以特写的形式加以放大，使其局部布满画面，具有紧凑、细腻、微观等特点，如图5-20所示。

4.中心构图

中心构图是将主体放置在画面中心进行构图。这种构图方式最大的优点就在于主体突出、明确，画面容易取得左右平衡的效果，如图5-21所示。

图 5-20　紧凑式构图

图 5-21　中心构图

5.九宫格构图

九宫格构图是最常见、最基本的构图方法。如果把正方形画面的上下左右4条边都分成三等分，然后用直线把这些对应的点连起来，画面中就构成一个“井”字。九宫格构图适合展示尺寸较小、款式相同、颜色、图案不同的商品，如图5-22所示。

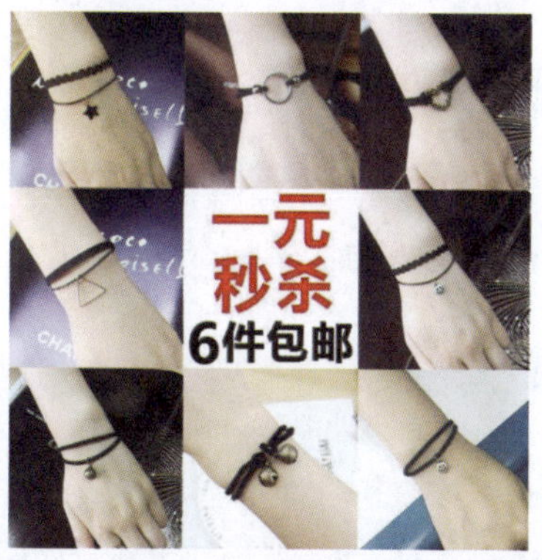

图 5-22　九宫格构图

图投诉

快乐成长

商品主图的图片被人盗用，可以进行投诉，具体方法请扫描二维码了解详情。

KUAILECHENGZHANG

◆ 任务拓展

为下列商品提炼商品卖点，并写在对应的表格内。

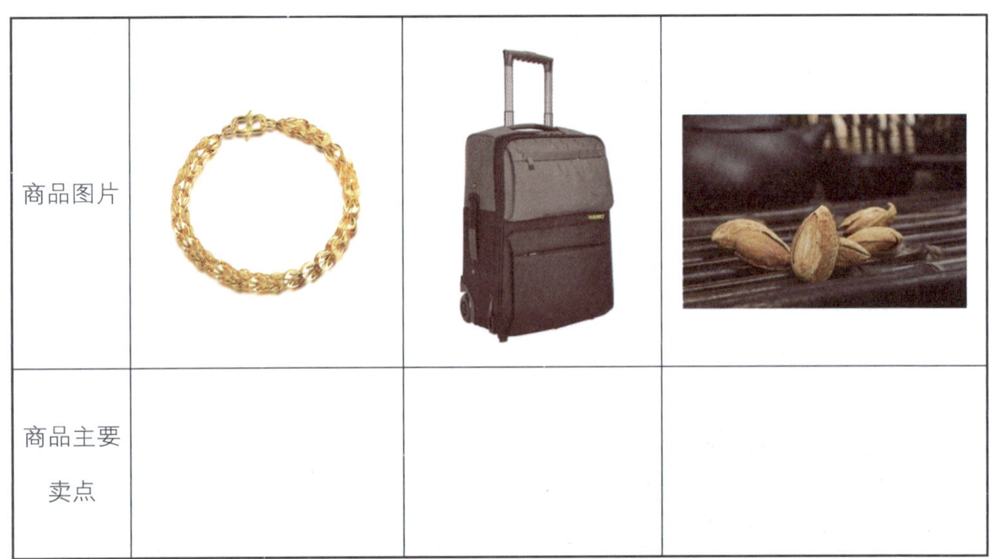

商品图片			
商品主要卖点			

[任务二]

NO.2

制作商品主图

◆ 任务描述

李东已经知道了主图的定义、制作规范以及主图的设计要求，现在将在王力师傅的指导下根据“乐享办公用品旗舰店”的整体形象和营销计划开始制作主图。

课

制作主图

◆ 任务实施

活动一　制作主图背景

①打开Photoshop，选择菜单 “文件”→“新建”命令或按Ctrl+N快捷键，调出“新建”对话框，名称命名为“产品主图”，宽度、高度均设置为“800”像素，分辨率为“72”像素/英

寸，背景内容为“白色”。

②在图层面板，双击“背景”图层，弹出“新建图层”对话框，单击“确定”按钮，解除背景图层的锁定，如图5-23所示。

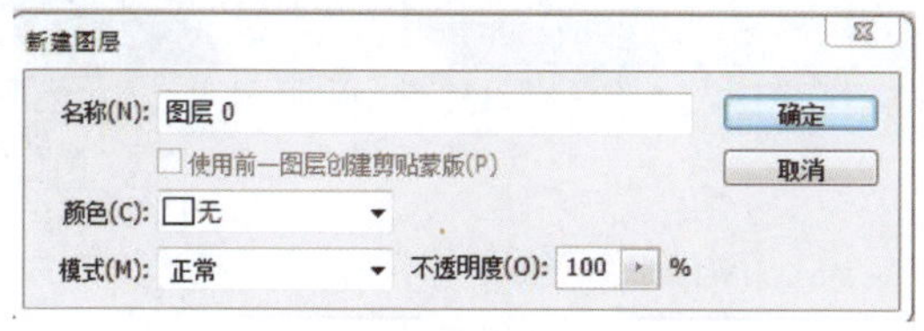

5-23　“新建图层”对话框

③设置前景色为灰色（R：201，G：201，B：201），按Alt+Del快捷键，填充“图层0”，如图5-24所示。

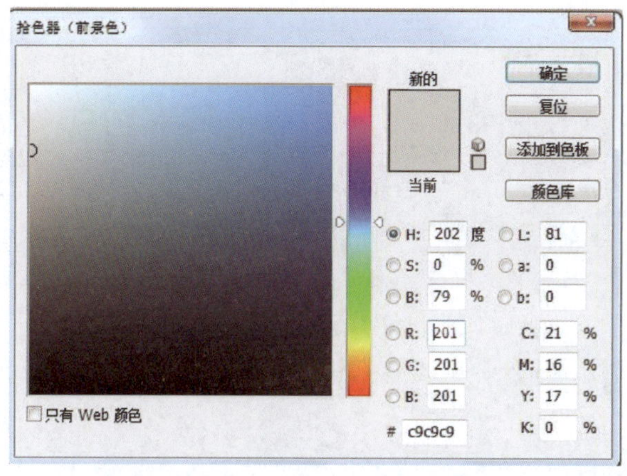

图 5-24　设置前景色为灰色

④在图层面板，单击“新建图层”按钮，新建“图层1”，设置前景色为天蓝色（R:84，G:170，B:219），按Alt+Del快捷键填充“图层1”，效果如图5-25所示。

图 5-25　填充天蓝色的图层效果

⑤选中“图层1”，按Ctrl+J快捷键复制“图层1”，得到“图层1副本”，如图5-26所示。

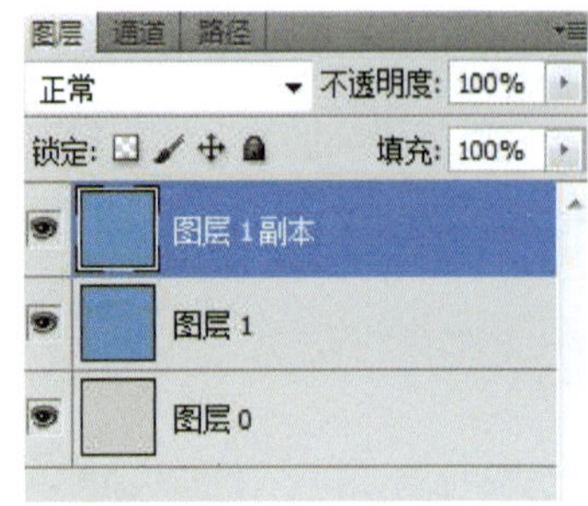

图 5-26　复制图层

⑥隐藏“图层1”，将“图层1副本”重命名为“翻页”，利用“矩形选框”工具（快捷键M）在翻页图层的右下角绘制一个矩形选框，并填充为白色，按Ctrl+D快捷键取消选区，如图5-27所示。

⑦选择菜单“编辑”→“自由变换”命令或按Ctrl+T快捷键，然后单击选项栏中的“变形”按钮，如图5-28所示。

⑧单击翻页图层的右下角的控制点向内拖动，按下回车键确认变形效果，如图5-29所示。

图 5-27　绘制矩形选框

图 5-28　选择“自由变换”

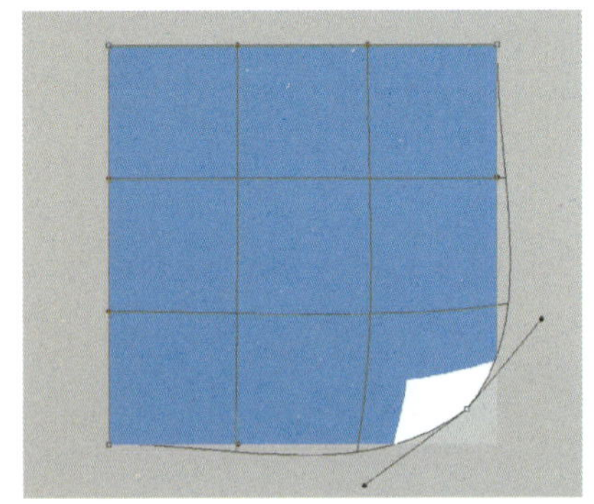
图 5-29　拖动变形

⑨为了使翻页效果更加逼真，可以为翻页图层添加投影。在翻页图层上单击鼠标右键，在弹出的快捷菜单中选择“混合选项”命令，打开“图层样式”对话框，勾选“投影”，设置和效果如图5-30和图5-31所示。

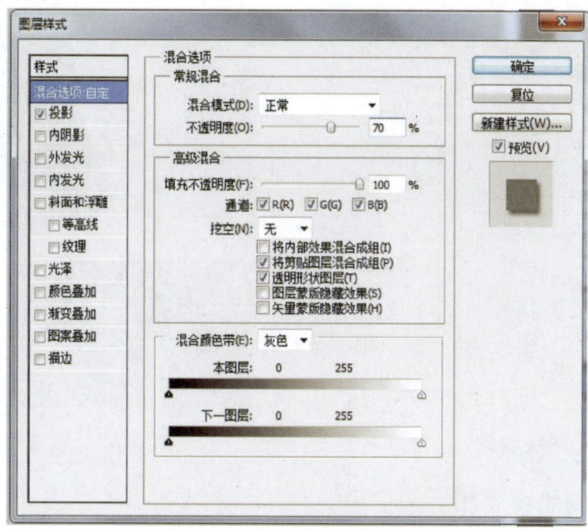

图 5-30　“图层样式”对话框

⑩利用“圆角矩形”工具绘制商品展示区，最终效果如图5-32所示，选择菜单“文件”→“存储”命令或按Ctrl+S快捷键保存商品主图的背景。

图 5-31　翻页效果

图 5-32　背景最终效果

活动二　添加商品图片素材

①用Photoshop打开素材“项目五/素材/文件架.jpg”，解除文件架背景图层的锁定，将文件架移动到商品主图背景的商品展示区，效果如图5-33所示。

②在商品图层上单击鼠标右键，在弹出的快捷菜单中选择“创建剪贴蒙版”命令，调整文件架的位置和大小，图层设置与效果如图5-34和图5-35所示。

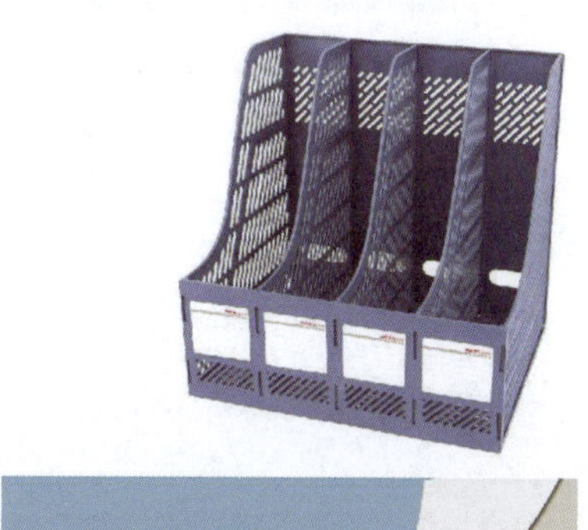

图 5-33　添加“文件架”图片

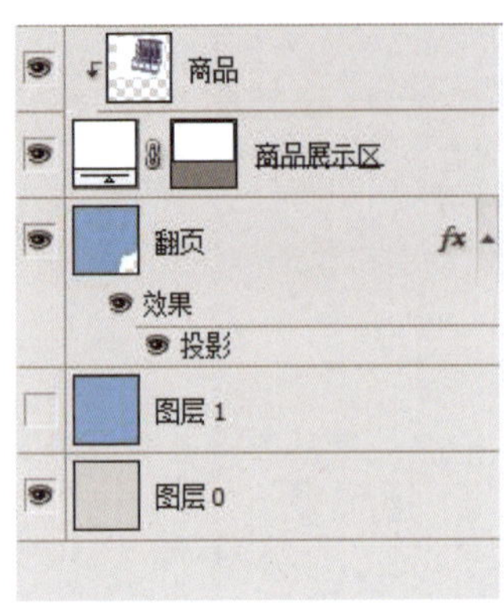

图 5-34　图层设置

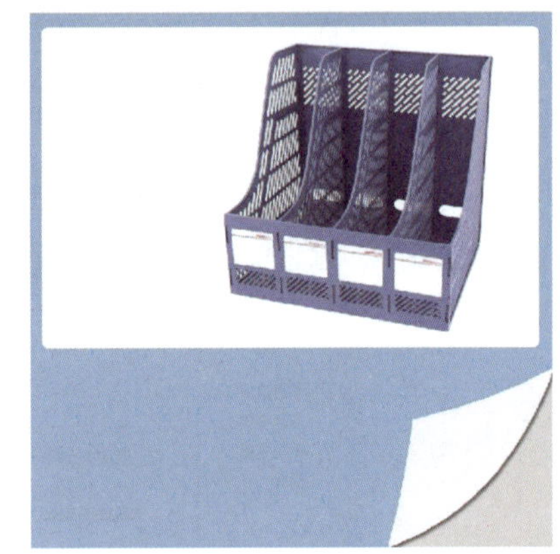

图 5-35　设置效果

活动三　加入商品卖点和促销信息

①使用“文字”工具[T]，输入文字“16.00”“19.00”和“HOT限时促销”，如图5-36所示。

②用Photoshop打开素材“项目五/素材/店标.png”，将店标移动到商品主图背景文件中，使用“文字”工具[T]，输入文字“乐享办公文件架”和“BANGONG-WENJIANJIA”，文字设置如图5-37所示。

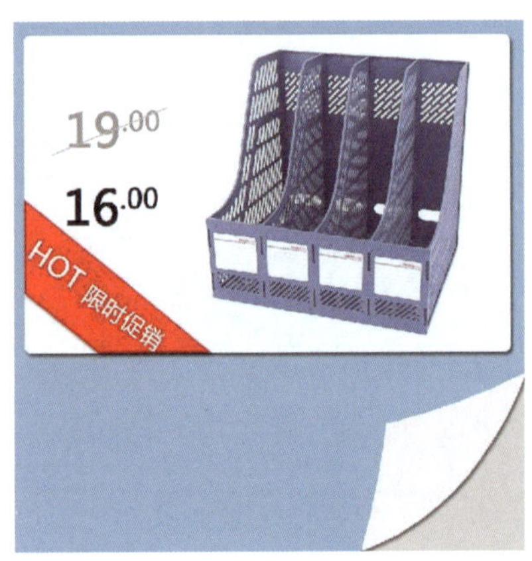

图 5-36　添加文字

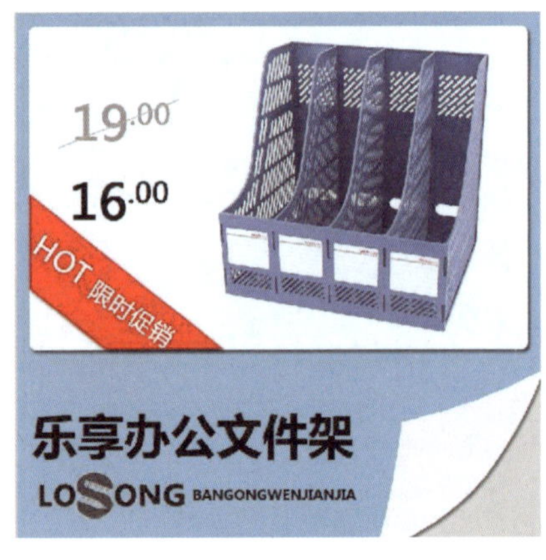

图 5-37　最终效果

阅读有益

量添加Logo

批量添加 Logo

许多网店为了增加店铺的知名度和认可度，会在每张主图上都添加店铺的Logo，既宣传了店铺又在视觉上达到了统一。但是，为每张图片逐个添加店铺Logo，费时费力，批量添加Logo的方法请扫描二维码了解详情，效果如图5-38所示。

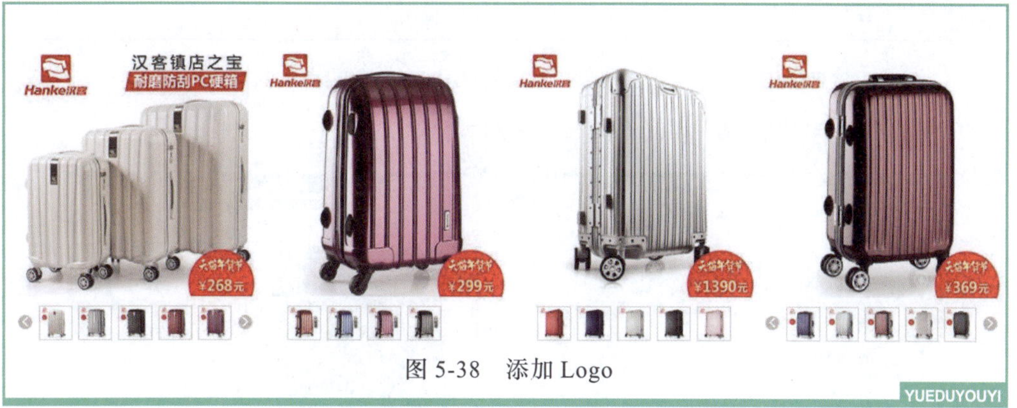

图 5-38 添加 Logo

YUEDUYOUYI

快乐成长

解读淘宝规则，禁用“原价”

部分商家喜欢使用“原价×元，现价×元”等句式出现在商品描述中，视为一种商品促销的营销方式。例如，某商家在售卖一件风衣时，商品标题打出了“原价1680元”的内容，实际售价仅99元，如图5-39所示。事实上，许多商家并不了解“原价”的法律定义，因而在使用过程中存在不规范的现象，甚至有个别卖家自行编造原价吸引顾客注意。

图 5-39 不规范的促销方式

事实上，原价一词并非是一个简单的用词，而是具有特殊的定义，一旦乱用，情节严重是要承担法律风险的。

在国家发改委关于《禁止价格欺诈行为的规定》中明确指出：“原价”是指经营者在本次促销活动前七日内在本交易场所成交，有交易票据的最低交易价格；如果前七日内没有交易，以本次促销活动前最后一次交易价格作为原价。而“虚构原价”是指经营者在促销活动中，标示的原价属于虚假、捏造，并不存在或者从未有过交易记录。

淘宝规则规定商家不得在商品标题、副标题、SKU、图片、描述等其他商品宣传中出现“原价”描述，若含有上述内容，淘宝将对该类商品或信息进行下架处理。

KUAILECHENGZHANG

◆ 任务拓展

1.请同学们为婴儿手口湿巾制作主图，参考效果如图5-40所示。

2.请同学们为手机制作主图，参考效果如图5-41所示。

图 5-40　婴儿手口湿巾的主图

图 5-41 手机主图

3.中秋佳节来临之际，请同学们为月饼设计一款主图，参考效果如图5-42所示。

图 5-42　月饼的主图

◆ 项目小结

通过本项目的学习，我们了解了主图的定义、作用和规范以及设计主图的技巧。主图是引流的主要途径，在设计主图时，要注意主题明确，确保商品处于主体位置，要提炼商品的卖点和促销信息，并且排版美观，最好能有富有创意的展现方式。

◆ 项目检测

一、填空题

1.淘宝网规定，尺寸在__________以上的主图图片，可以在宝贝详情页提供放大镜功能。

2.Photoshop中曲线工具的快捷键是________。

3.Photoshop中变形工具的快捷键是________。

二、判断题

1.主图可以不用商品实拍图。（　　）

2.主图的背景要尽量与商品的背景有差异，突出商品的特点。（　　）

3.在制作主图时，为了吸引买家点击，可以添加一些促销信息和卖点信息。（　　）

4.在制作主图时，商品的面积占比至少为30%以上。（　　）

5.商品尽量不要被任何素材及文字覆盖，要保证图片与素材或文字的间距至少有10像素。（　　）

三、单选题

1. 下列不属于商品主图作用的是（　　）。

A.抓住眼球　B.激发兴趣　C.促成点击　D.宣传网店

2. 下列不属于商品主图制作规范的是（　　）。

A.主图尺寸　B.主图颜色　C.主题突出　D.遵守行业标准

3.下列不属于商品主图设计三要素的是（　　）。

A.背景　B.商品　C.文案　D.颜色搭配

4.在Photoshop中选择菜单“文件”→“新建”命令的快捷键是（　　）。

A.Ctrl+B　B.Ctrl+X　C.Ctrl+N　D.Ctrl+Z

四、多选题

淘宝网的主图要求包括（　　）。

A.正方形　B.简洁　C.商品清晰　D.品牌Logo

五、简答题

1.制作主图时，有哪些制作规范？

2.简述主图的设计思路。

◆ 项目评价

任　务	标　准	配分	得　分
设计商品主图	能说出主图的作用及规格	10分	
	能说出主图的设计技巧（至少3条）	10分	
制作商品主图	主图的尺寸正确	10分	
	主图的商品图片清晰	10分	
	商品图片占据主图的主要位置	10分	
	主图的背景和商品的背景有差异时，能突出商品	20分	
	主图有营销导向，添加了卖点或促销信息	20分	
	主图的文字排版整齐、精美	10分	
总　分		100分	

项目六

商品详情页的设计与制作

【项目概述】

在王力师傅的指导下，李东顺利完成了店招、店标、导航、海报、主图的设计与制作，对于没有网店装修经验的李东，接下来需要做什么，没有一点头绪。王力告诉李东，网店“看似在卖产品，其实是销售意境”，需要为顾客营造出一种向往的意境，不仅要告诉顾客某个产品如何使用，还要说明这个产品在什么情况下使用效果最佳。这些都需要通过商品详情页来实现。

【项目目标】

知识目标

+ 理解商品详情页的作用；
+ 知道网店装修中的配色、图文混排等的技巧；
+ 知道商品详情页包含的内容模块。

技能目标

+ 能够根据商品简介提炼出商品卖点；
+ 能够根据商品的卖点合理布局商品详情页；
+ 能够根据设计完成商品详情页的制作。

思政目标

+ 培养学生诚信经营的意识；
+ 培养学生对色彩、构图的敏锐度。

[任务一]

NO.1

设计商品详情页

◆ 任务描述

王力师傅告诉李东，商品详情页是唯一向顾客展示商品细节与优势的地方，顾客是否会喜欢这个商品，最终是否产生购买行为，商品详情页起着决定性作用。应该如何设计商品详情页？商品详情页包括哪些板块呢？李东跟着王力师傅开始了学习。

◆ 任务实施

活动一　初识商品详情页

课

情页范例

一、商品详情页的基本内容模块

商品详情页通常包含宣传广告图、宝贝细节图、宝贝卖点、模特图、SKU属性、产品类比、口碑、售后说明、品牌文化、情感营销图等板块。对于某件商品来说，并不是必须添加所有板块，卖家可以根据商品的特点自由选择板块数量。

1.宣传广告图

宣传广告图一般为大图，它是视觉焦点。宣传广告图的背景应采用展示品牌或者产品特色的意境图，可以在第一时间吸引顾客的注意力。以项链为例，其宣传广告图如图6-1所示。

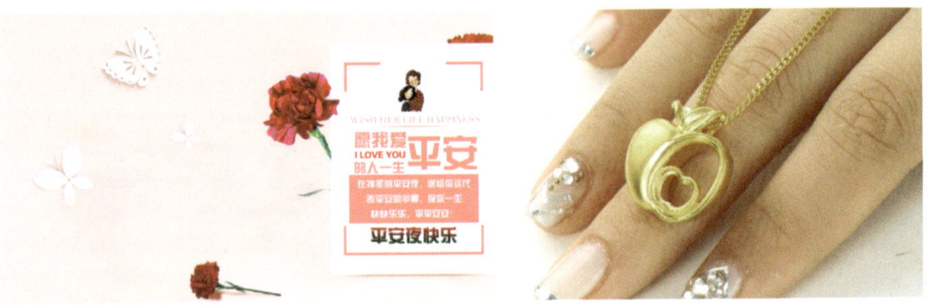

图 6-1　宣传广告图

2.宝贝细节图

宝贝细节图一般为商品的细节展示，突出材质、做工、设计等，如图6-2所示。

3.模特图

模特图的作用是通过效果展示激发顾客的购买欲望。以服装为例，为服装的主推颜色拍摄模特图，如图6-3所示。

图 6-2　宝贝细节图

图 6-3　模特图

4.宝贝卖点

根据FAB法则(F: 特性、A: 作用、B: 好处)排序各部分。

- F: 产品品质，即一种产品能看到和摸到的地方或产品与众不同的地方，如图6-4所示。
- A: 从特性引发的用途，就是这种属性将会给客户带来的作用或优势，如图6-5所示。
- B: 是指作用或者优势会给客户带来的利益，如图6-6所示。

微课

网店宝贝描述建议

5.SKU属性

SKU属性是指网店所售产品的销售属性集合，如规格、颜色、尺码等。商品的SKU属性如图6-7所示。可采用实物与宝贝对比，让顾客切身体验到宝贝实际尺寸，如图6-8所示。

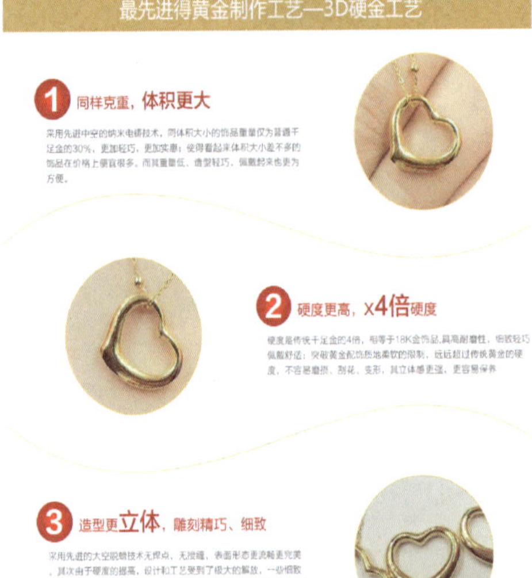

图 6-4　F（特性）：寓意为平平安安，3D 硬金工艺

图 6-5　A（作用）：999 金条打造，增值

图 6-6　B（好处）：既可以当配饰也可以增值，还可以搭配手链一起销售

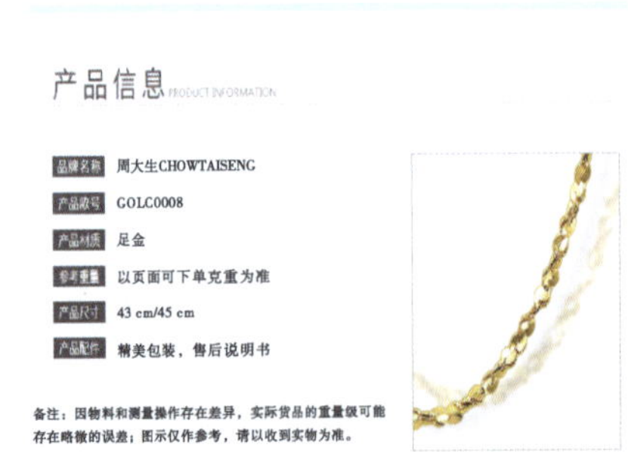

图 6-7　产品信息

图 6-8　吊坠与硬币对比

6.口碑

展示本商品的销售记录、客户评价、客户分享、真实的买家秀等，使客户产生信任感，以服装为例，如图6-9所示。

7.产品类比

通过与同类商品的比较，向顾客展示自己所销售商品的品质，增加消费者的信任，从而促成购买，以服装为例，如图6-10所示。

图 6-9　真实的买家秀

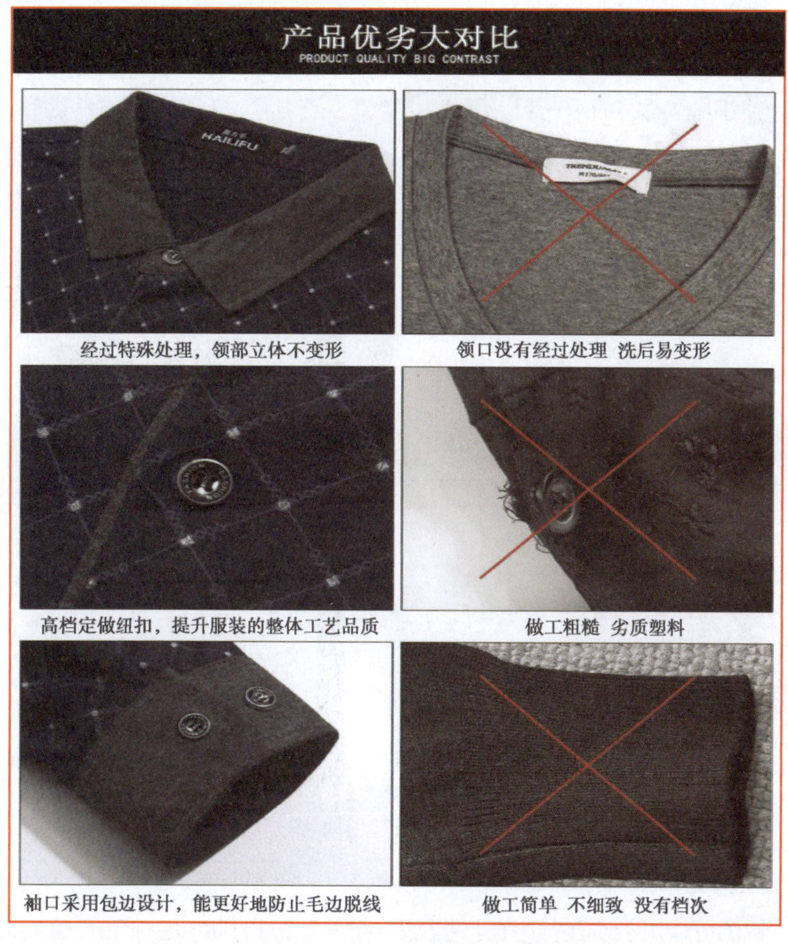

图 6-10　产品类比

8.品牌文化

通过展示商品的企业文化、资历证书、品牌店面、生产车间、品牌故事等内容来塑造品牌形象，赢得顾客的信任，如图6-11所示。

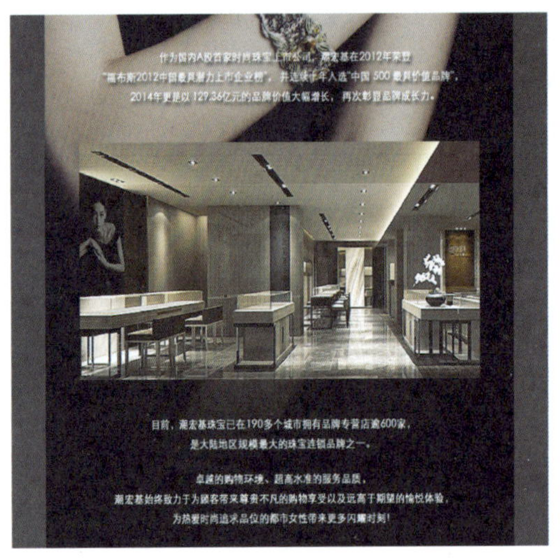

图 6-11　品牌文化介绍

9.售后说明

售后说明可以将商家的承诺以及顾客可能关心的问题进行介绍，如发货时间、快递公司、购物发票、商品包装、商品售后服务等，减少顾客与客服沟通的时间，使顾客打消后顾之忧，更快地决定购买，如图6-12所示。

图 6-12　售后说明

10.情感营销图

情感营销图可以用于讲述故事，营造氛围，帮助顾客找到购买的理由，促使他们购买，如图6-13所示。

图 6-13　情感营销图

做一做

请同学们上网搜索任一商品的商品详情页，说一说它由哪些板块组成。

扩展

主图视频拍摄

微课

设计要点

二、商品详情页设计要点

1.控制图片数量

如果能用10张产品模特图全面展示商品，就不要用11张图去堆砌，卖家应该选择最具表现力和最佳角度的图片来展示商品，尽量不要展示一些顾客不关心的局部。

卖家心理：“模特图好看，一定要多放模特图”。而买家心理未必是这样，见表6-1。

表6-1　买家对图片的在意事项

买家心理（顾客心理）	所占比例
图片不是实物照	80%
细节图太少了	60%
图片的颜色失真，卖家也没有对色差进行说明	60%
图片太多，网页打不开，找不到需要的内容	45%
图片不清晰	35%

2.根据客户类型设计页面

客户一般分为刚性需求客户和潜在需求客户两大类型，他们对页面信息的需求也是有差异的。

刚性需求顾客是有明确目的的，具有强烈的购买欲望。商品详情页只要能很好展示商品真实的性能、标准参数尺码、商品的基础功能、商品成分等信息，即能获得刚性需求客户的认可。

潜在需求客户没有明确的目的，或许是促销活动，或许是商品可爱，或许是模特漂亮等方面的原因刺激了他们的消费欲望。商品详情页应更多关注卖点、视觉冲击力和促销活动等辅助信息，从而促使这类顾客下单。

3.挖掘商品卖点

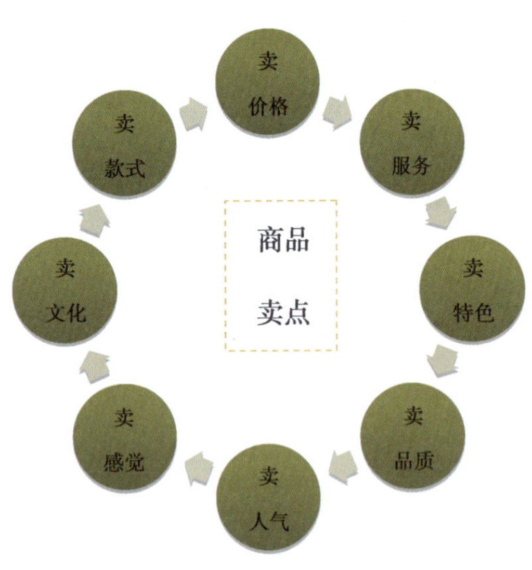

图 6-14　商品卖点集合

商品详情页是唯一向顾客详细展示商品细节与优势的地方，调查显示99%的订单是在看过商品详情页后产生的。商品详情页最重要的是要展示商品的卖点。要总结商品的卖点，可以从两个方面进行思考：

①去竞争商品中找特点和服务；

②化身为消费者找需求和不足。

好的卖点要能够引起顾客的场景联想：我穿上是什么感觉？我用了什么感觉？我用了别人怎么看我？商品卖点一定要和自己所经营的商品实际情况相符。淘宝网店商品的主要卖点如图6-14所示。以下对部分卖点举例说明。

● 卖服务：如图6-15所示，一家酒店详细介绍了酒店的各项设施，突出展示了酒店可以提供的各项服务，以此吸引顾客预订。

图 6-15　酒店设施及服务

● 卖品质：如图6-16所示，销售一款便捷冰箱的卖家详细介绍了小冰箱的各项实用功能。

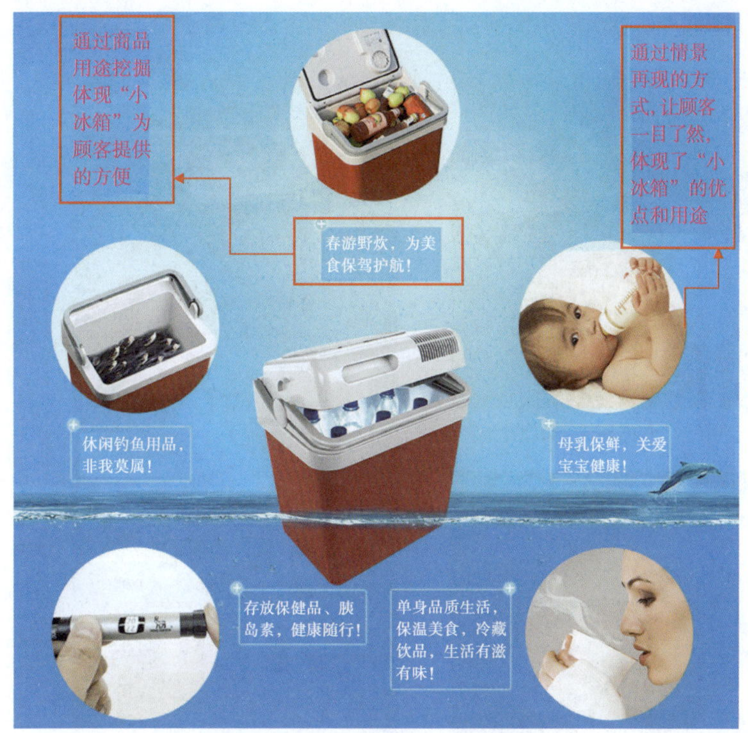

图 6-16 “小冰箱”用途展示

- 卖特色：如图6-17所示，卖家突出了小冰箱的各种特点，给顾客留下了专业的印象。

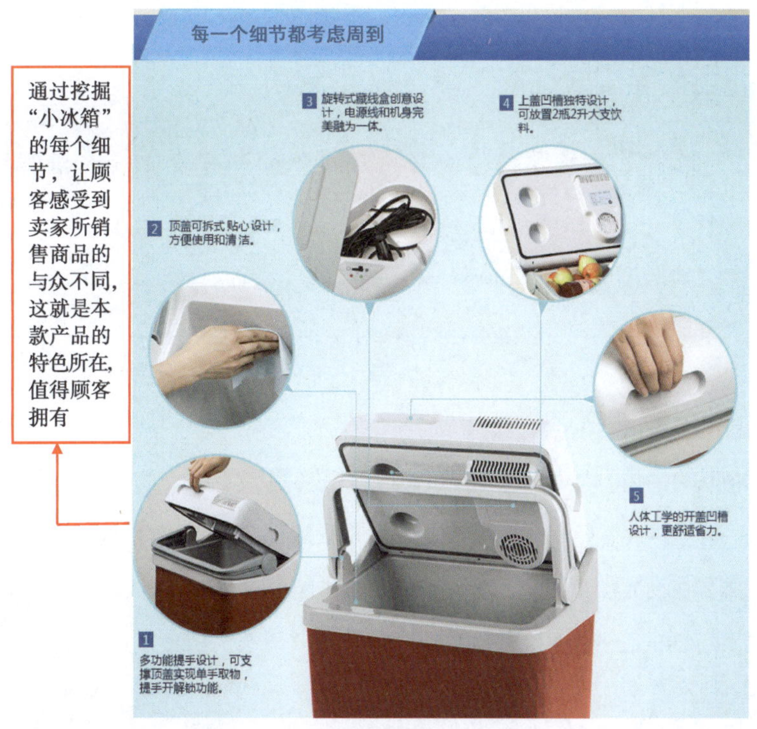

图 6-17 “小冰箱”细节展示

- 卖感觉：如图6-18至图6-20所示，卖家为顾客营造各种使用场景。

图 6-18　“小冰箱”车载之用

图 6-19　“小冰箱”方便野餐

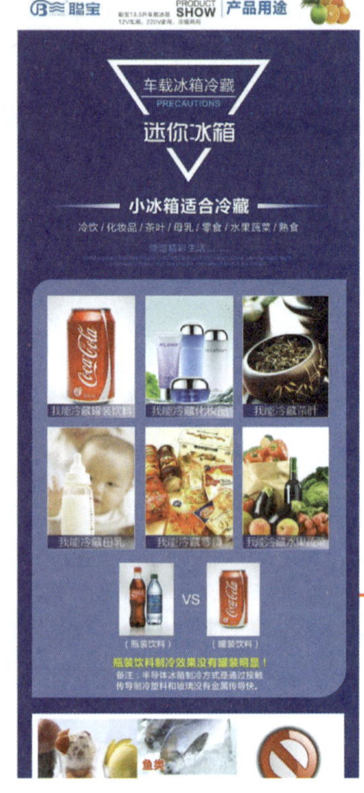

图 6-20　“小冰箱”存储物品

通过实物展示和生活情景再现，再次刺激顾客，向顾客展示了其向往的生活方式

展

贝卖点炼技巧

写一写

同学们，根据上面所学，你能写出湿巾纸的部分卖点吗？请写在下面的横线上。

____

____

计范例

三、商品详情页内容的合理排序

商品详情页中的内容摆放顺序视具体情况而定，并没有统一的标准。例如，我们可以通过需求挖掘、情景再现、直观对比等形式来呈现商品详情页，目的是商品详情页能够贴近客户的需求。那么在商品详情页中，怎么合理排序才能促进交易呢？以图6-21为例，左图为此产品详情页所包括的主要内容，右图为正确的排序。

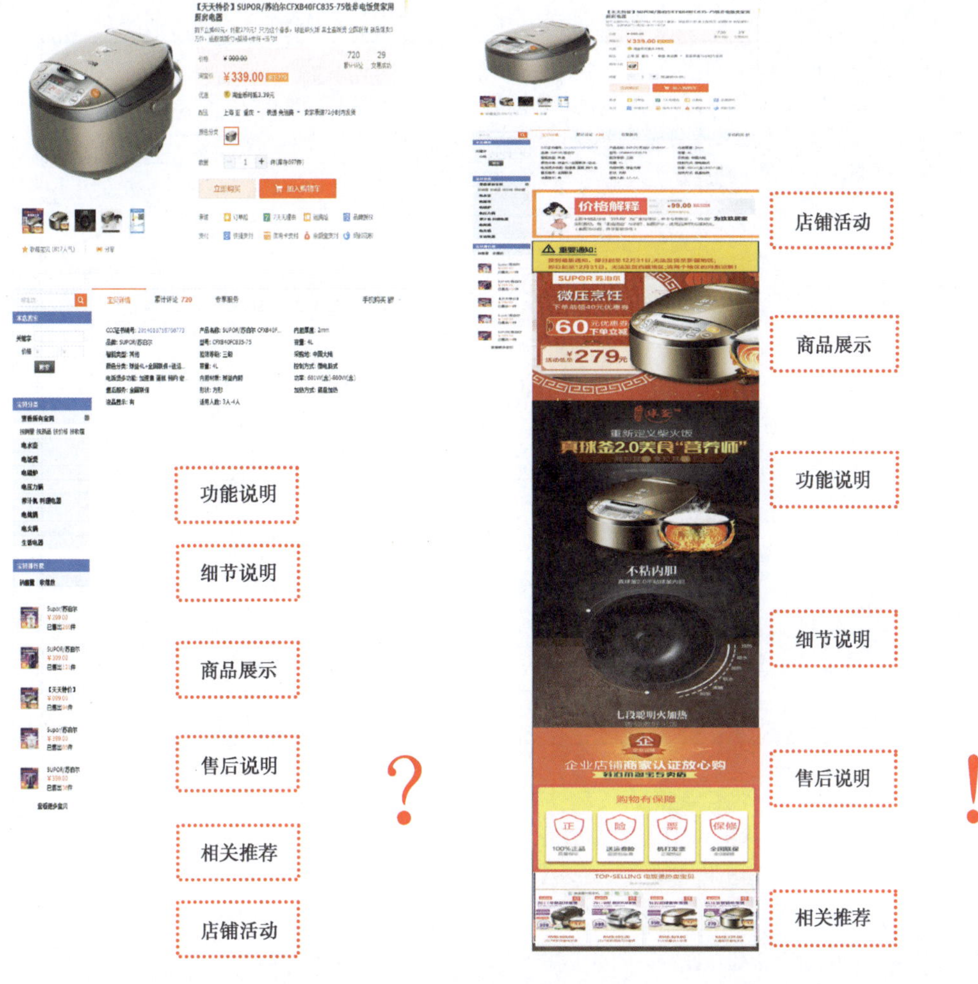

图 6-21　详情页内容排序图

阅读有益

1.成交转化5步曲（见表6-2）

表6-2　成交转化5步曲

成交转化5步曲	15个逻辑关系
引发兴趣	焦点图（引发兴趣）
	目标客户群设计——买给谁用
激发需求	场景图（激发潜在需求）

续表

成交转化5步曲	15个逻辑关系
产生信任 引导购买	商品细节
	为什么购买（好处设计）
	为什么购买（要点设计）
	同类型商品对比
	客户评价、第三方评价（产生信任）
	商品的非使用价值
信赖到占有	拥有后的感觉塑造（给客户一个100%的购买理由）
	给掏钱人购买理由——送恋人、送父母、送领导、送朋友
打消疑虑 促进成交	品牌介绍
	发出购买号召
	购物须知（邮费、发货、退换货等）
	关联推荐

2.商品详情页设计的几点建议

①介绍页面不宜过长，否则很容易导致视觉疲劳；

②内容符合顾客的思维逻辑，不要出现无关内容，这样顾客阅读起来较为轻松；

③图片尺寸以750 px为宜，图片两边留有余地更好，否则容易感觉压抑；

④图片不宜太大，建议在100~200 KB，以不影响顾客下载为宜；

⑤文案设计要针对顾客的特性，随和、亲切，贴近顾客心理。

YUEDUYOUYI

活动二　设计“乐享办公用品旗舰店”的商品详情页

一 、“乐享办公用品旗舰店”商品详情页的设计要素

在设计“乐享办公用品旗舰店”的商品详情页前，先要明确店铺的形象，然后努力加强这种印象，“乐享办公用品旗舰店”的形象是“乐享办公，让你轻松”，在页面中应该添加的元素和注意的事项如下：

①将“乐享办公用品旗舰店”的标志Logo尽可能添加到每个页面上；

②结合店铺整体风格，选择蓝色和灰色色彩；

③在关键的标题、菜单、图片里使用统一的标准字体，如“微软雅黑”；

④添加统一的宣传标语：“乐享办公，让你轻松”；

⑤使用统一的图片处理效果，如阴影效果的方向、厚度、模糊度都必须一样。

二、“乐享办公用品旗舰店”商品详情页的框架策划

为了节省时间，避免重复的工作，可以先对商品详情页内容框架进行布置，见表6-3。

表6-3　商品详情页内容框架

设计项目	项目要点说明	效果提示
宣传广告图	开头的大图是视觉焦点，背景应采用展示品牌或者产品特色的意境图，可以在第一时间吸引顾客的注意力	
SKU属性	详细介绍产品的各项属性	
细节图展示	细节图片要清晰富有质感，并且附带相关的文案介绍	
关联营销（搭配促销）	加入另外几个产品进行展示，搭配促销	
口碑	展示“订书机”的客户评价，使客户产生信任感	
售后保障问题/物流（温馨提示模块）	介绍售后服务和物流情况，打消顾客的担忧	
情感营销图	提升产品价值，发出购买号召	

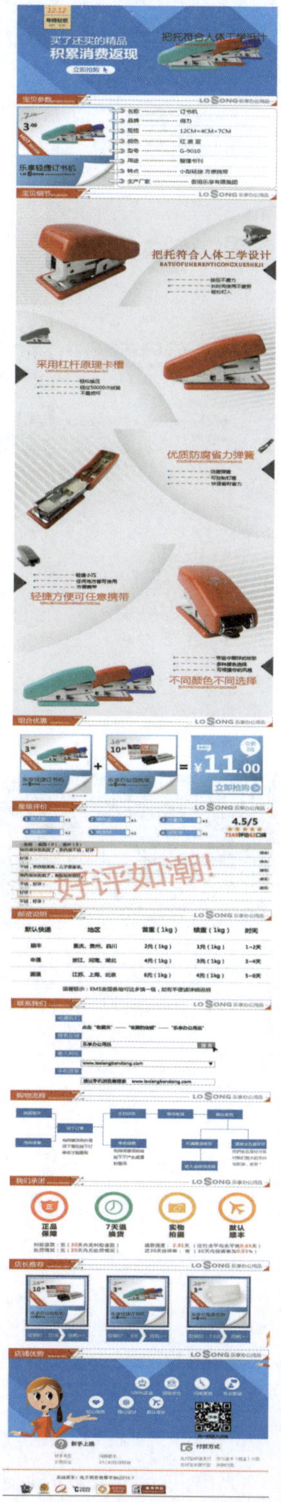

阅读有益

为什么要选择你的产品

在众多的同类网店中，顾客为什么会选择你的商品呢？卖家就必须要有相应的优势和特点，如通过情感关怀、服务说明、资质说明、商品对比等，让顾客感受到卖家的专业与贴心。可以从以下几个方面来做。

①公司实力　工厂规模、生产设备、专业团队的展示，突出公司实力，增加顾客的购买信心，如图6-22所示。

图 6-22　公司实力

②服务说明　详细真诚的服务内容，让顾客感受到商家的用心，保证售后无忧。

③客户评价　买家通常会关注：这个商品有多少人买、大家的评价如何，一方面在情感上需要去感受这种多人购买的气氛，另一方面也希望降低自己的购买风险。因此卖家可以重点展示这类信息，如图6-23所示。

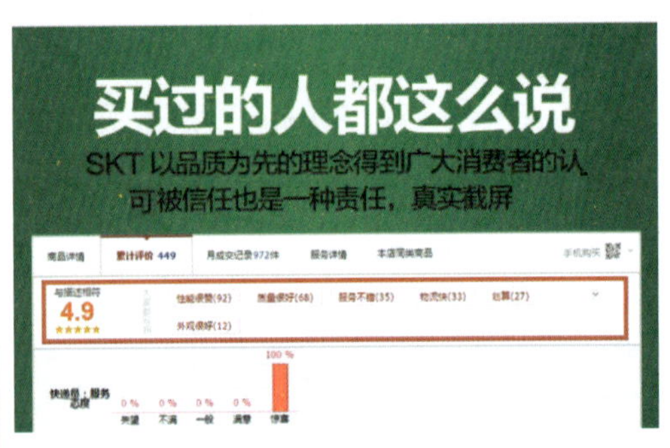

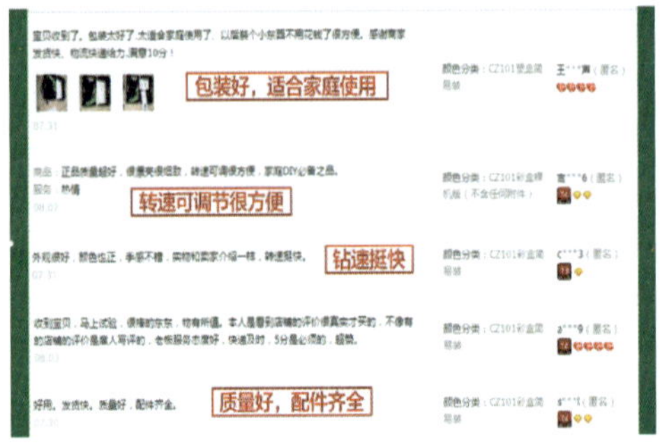

图 6-23　商品评价

④选价　为顾客提供物美价廉的商品，要让顾客确认自己买到的商品是物超所值的。这里的“价廉”可能并不是绝对意义上的便宜，可以通过促销活动让顾客觉得“便宜”。

YUEDUYOUYI

◆ 任务拓展

1.请同学们为“宜购生活用品旗舰店”中的“心相印湿巾”规划商品详情页的框架。

2.请同学们试着完成腰椎理疗仪的商品特点描述页面，参考效果如图6-24所示。

图 6-24　商品特点页面

[任务二]

NO.2

制作商品详情页

◆ 任务描述

李东已经规划好了商品详情页的框架，下面将在王力师傅的指导下，完成商品详情页的制作。

◆ 任务实施

活动一　制作分隔条

一、制作背景

①打开Photoshop，新建714像素×35像素的工作画布。

②绘制四边形。在白色工作区内，利用"钢笔"工具绘制小四边形，填充颜色为"#da251c"。同时，利用"钢笔"工具绘制右边的长四边形，并描边为灰色，如图6-25所示。

图 6-25　绘制分隔条背景

二、加工素材

利用办公类的商品代表"订书针"来连接左右两边的四边形。利用"直线"工具，粗细设为"4"，颜色为"#aaa2a1"，设置投影和内阴影参数如图6-26所示。

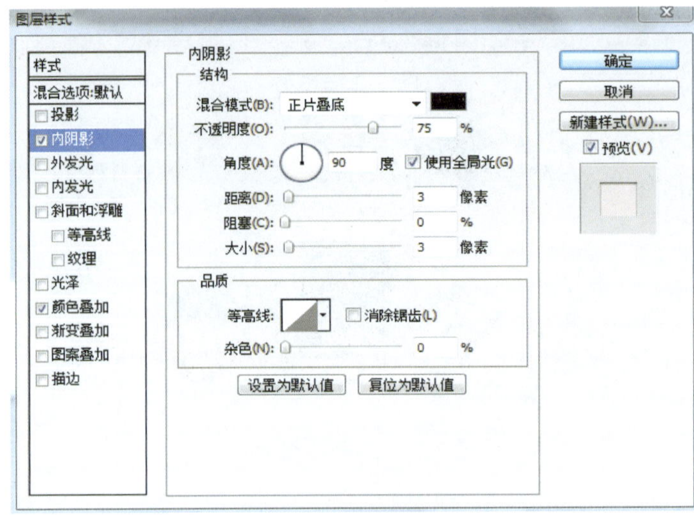

图 6-26 分隔条阴影参数设置

完成效果如图6-27所示。

图 6-27 分隔条背景效果

三、添加特效文字

输入分隔条文字“宝贝参数 BAOBEICANSHU”，文字的字体为“微软雅黑”，颜色为“#ffffff”，并加入“乐享办公用品旗舰店”的Logo，具体效果如图6-28所示。

图 6-28 分隔条效果图

活动二 制作海报情景展示图

海报设计中的图形创意能够给人以抽象、简洁、富有视觉冲击力的直观感受。好的创意思维能够抓住受众的视线，并让受众感受其设计主题和思想内涵。通过创设情景，从而激发顾客的购买欲。接下来以“订书机”海报为例进行讲解。

一、制作背景

课

作范例

①新建714像素×300像素的画布，填充颜色为“#037ebd”，打开“项目六/素材/订书机.jpg”图片。

②利用“钢笔”工具绘制不规则三角形，填充颜色为“#037ebd”；选择移动工具，按住Alt键进行拖动复制三角形，将不透明度调整为“76%”，如图6-29所示。

③复制两个三角形，通过Ctrl+T 快捷键进入自由变换，将三角形拖拽为等腰三角形，颜色值改为“# 0f75a9”，如图6-30所示。

图 6-29　绘制两个三角形

图 6-30　背景效果

二、添加文字特效

为了吸引顾客注意，达到更好的促销效果，加上文字“买了还买的精品”“积累消费返现”。

①输入第一排文字“买了还买的精品”，字体为“微软雅黑”，字号为32，颜色为白色，如图6-31所示。

②输入第二排文字“积累消费返现”，字体为“微软雅黑”，字号为50，颜色为白色，具体设置如图6-32所示。

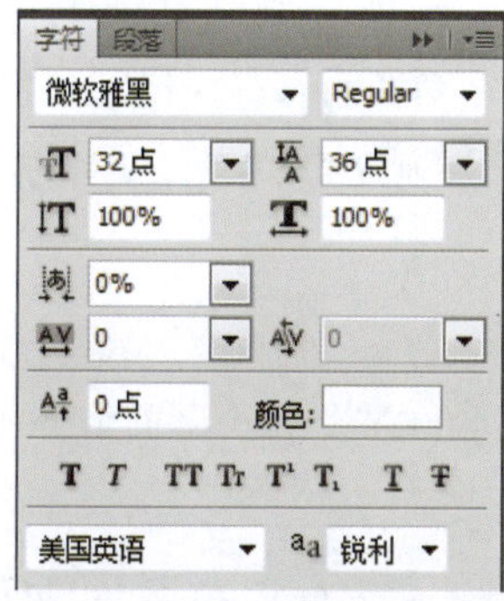

图 6-31　第一排文字参数设置

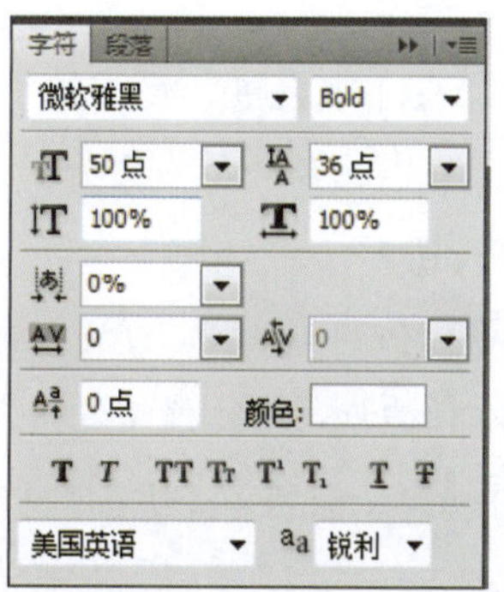

图 6-32　第二排文字参数设置

③新建图层，单击“矩形选区工具”按钮，在文字上方绘制小矩形，填充颜色为“# ffbb39”，输入红色文字“12.12”、黑色文字“年终狂欢”“HOT SALE”，效果如图6-33所示。

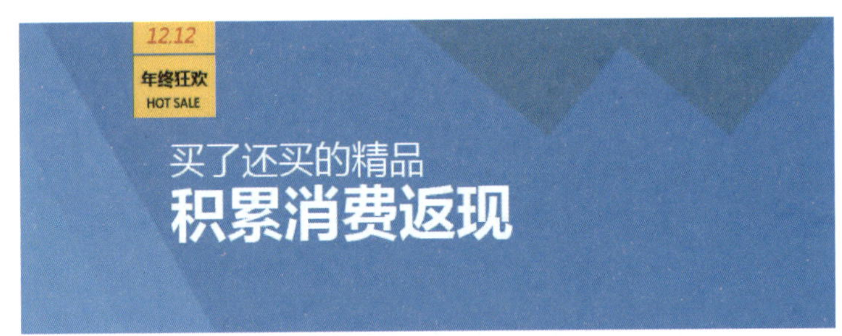

图 6-33　文字效果

点击抢购

图 6-34　按钮效果

④单击“圆角矩形”工具绘制矩形按钮，填充颜色为“# d65f08”，输入文字“点击抢购”，字体为“微软雅黑”，字号为14，颜色为白色，具体效果如图6-34所示。

三、素材加工

导入图片素材，执行“图像”→“调整”→“曲线”（Ctrl+M快捷键）命令调整图片色彩，执行“滤镜/锐化”命令加深图片的清晰度，最终效果如图6-35所示。

图 6-35　情景海报图

活动三　制作商品细节图

商品细节图主要是展示商品的每一个细节，让顾客对商品有一个详细的了解。在制作细节图之前，先以顾客的身份去分析产品的特点和卖点。现以“乐享办公用品旗舰店”的订书机为例进行讲解。

一、背景制作

①新建714像素×1 000像素的画布，填充颜色为“#efefef”，整个画面将分成5个部分，每一个部分就展示商品一个方面的特点。

②单击“矩形选框”工具，绘制300像×3像素的矩形，填充颜色为“#dad7d7”，按住Alt键复制矩形，排列效果如图6-36所示。

图 6-36 绘制矩形

③利用“画笔”工具，笔头为柔性，粗细为“300”，颜色为“#efefef”，对底纹细条进行修饰，修饰完毕后将线条底纹的透明度设为“30%”，具体效果如图6-37所示。

图 6-37 修饰线条

④为了布局更清晰，左边用条纹作底，右边用渐变的扇形作底。新建图层，绘制圆形选区，填充颜色由“#e5e4e4”到“#eeeded”的线性渐变，效果如图6-38所示。

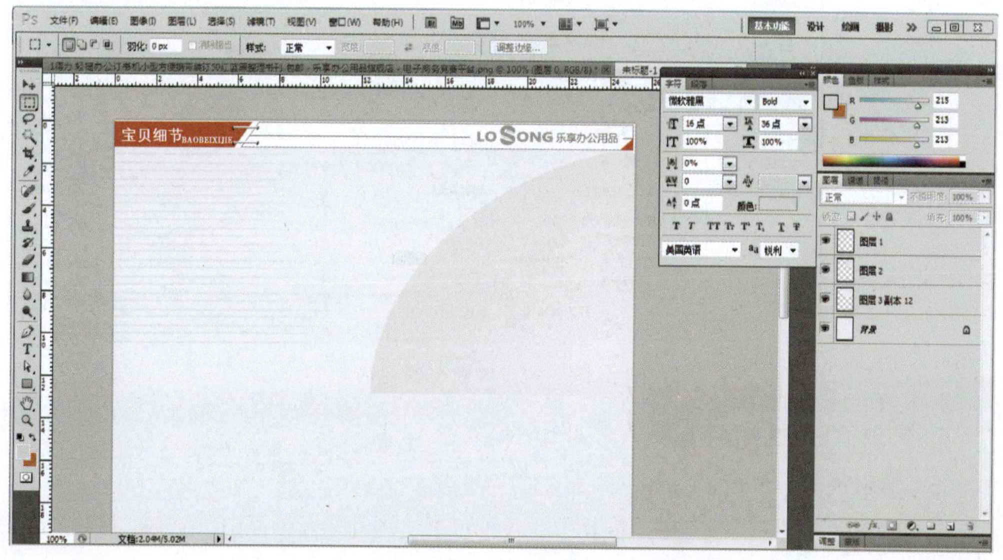

图 6-38 扇形底纹效果

⑤将条纹和扇形底纹复制和排列，最终效果如图6-39所示。

图 6-39　背景效果

二、添加文字特效

①在扇形区域内输入文字“把托符合人体工学设计”和“BATUOFUHERENTIGONGXUESHEJI”，字体颜色为“#da251c”，字体为“微软雅黑”，字号为“28”和“10”，样式为“regular”，效果如图6-40所示 。

②添加商品图形元素“钉帽”。新建图层，绘制椭圆选区，填充颜色为“#0c51c3”。添加图层样式，添加浮雕和内阴影效果，参数设置如图6-41所示。

图 6-40　编辑文字

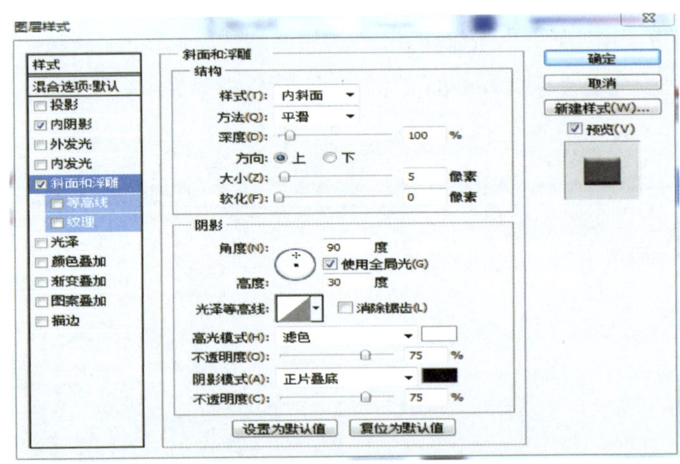

图 6-41　图层样式参数设置

③添加特性描述文字，最终效果如图6-42所示。

三、素材加工

打开“项目六/素材”文件夹，将其中的各种订书机图片导入画面中，最终效果如图6-43所示。

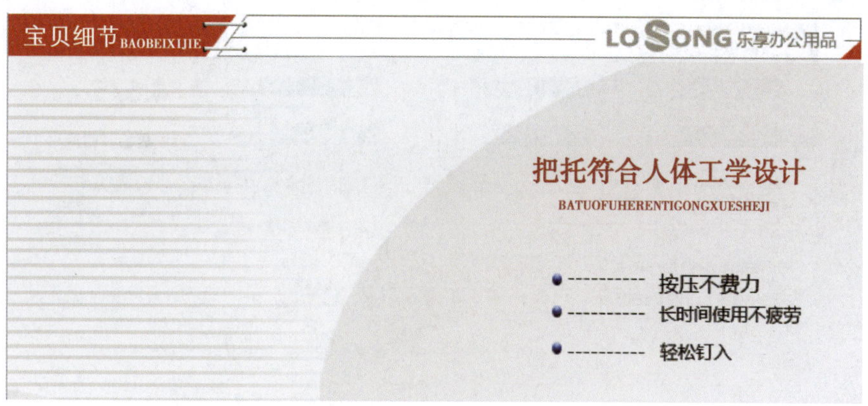

图 6-42　文字效果

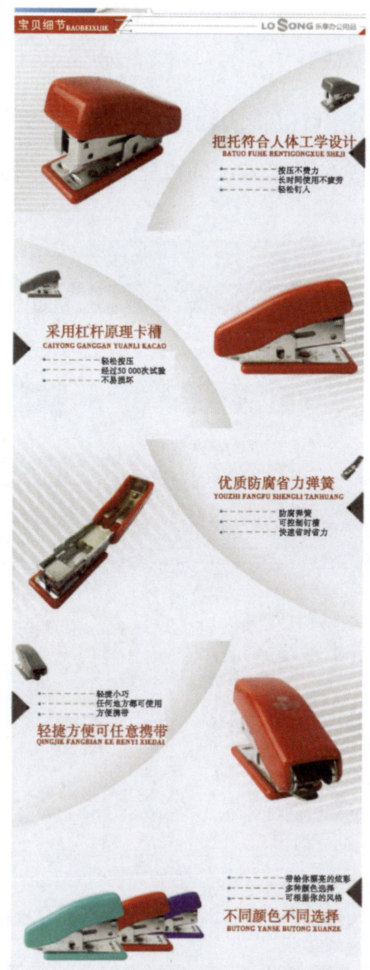

图 6-43　订书机细节效果图

活动四　制作星级评价

为了赢得顾客更多的信任，可以添加以往顾客的评价内容。具体的操作不再详细介绍，效果如图6-44所示。

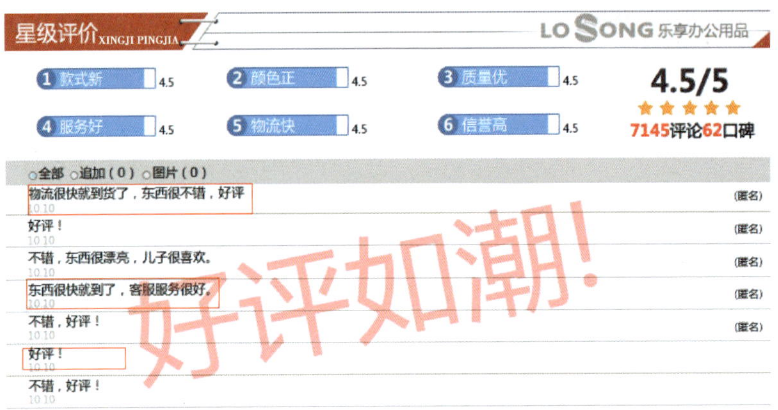

图 6-44　星级评价

活动五　制作温馨提示模块

为了打消顾客的担心和顾虑，可以将购物流程、我们承诺、邮资说明、联系我们等内容进行详细展示。运用前面学习过的操作方法即可完成制作，效果如图6-45所示。

图 6-45　温馨提示模块

◆ 任务拓展

1.请同学们为“宜购生活用品旗舰店”中的“心相印”湿巾制作商品详情页，参考效果如图6-46所示。

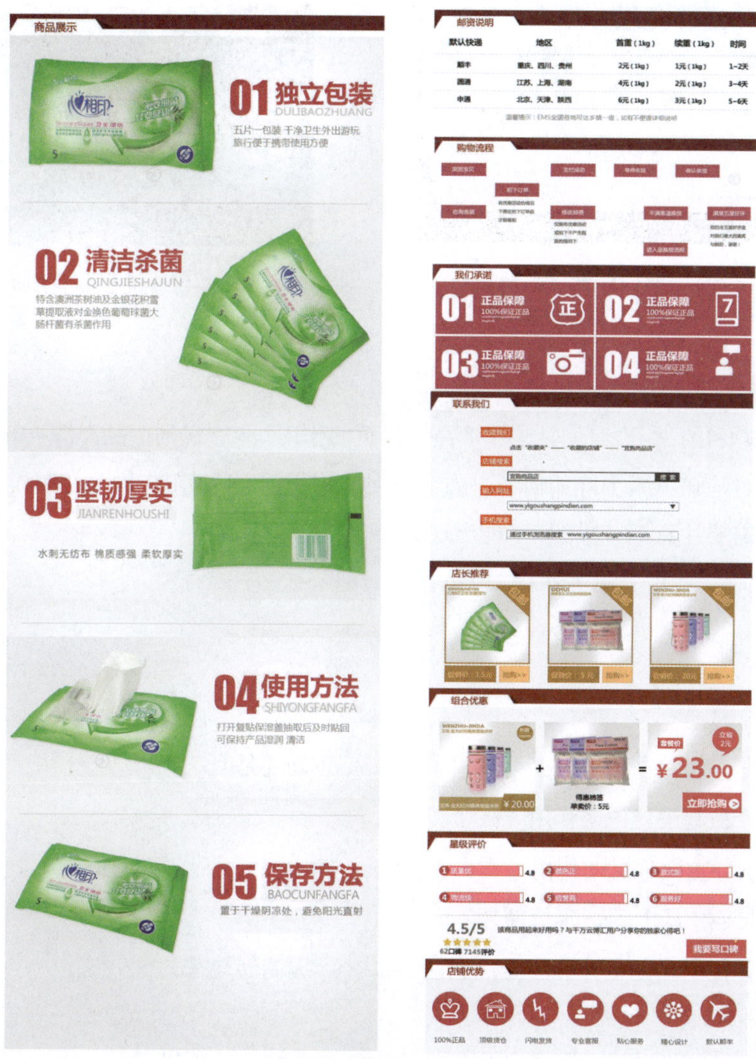

图 6-46　湿巾商品详情页

2.顾客的信任就是流量，请同学们制作水果店铺的商品评论模块，参考效果如图6-47所示。

3.为了吸引更多的顾客，请同学们为水果店铺制作优惠套餐模块，参考效果如图6-48所示。

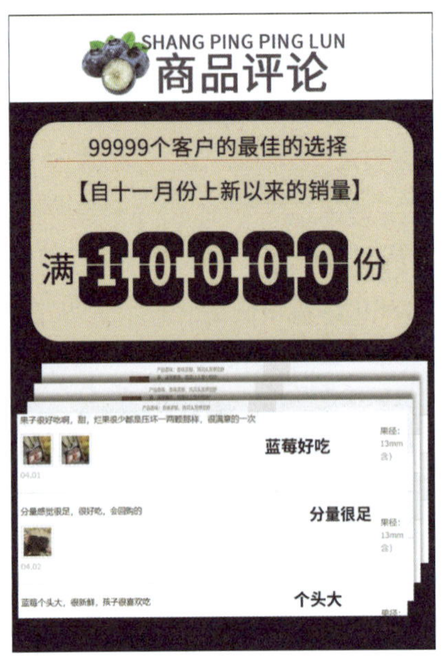

图 6-47　商品评论模块

图 6-48　优惠套餐模块

◆ 项目小结

通过本项目的学习，我们认识了商品详情页的作用，能够规划商品详情页的内容。商品详情页的设计应该紧紧围绕如何吸引顾客并促成购买活动的完成，同时在制作商品详情页的过程中还需要注意细节描述，不能出现错误。

◆ 项目检测

一、单选题

1.下列关于商品详情页中文字描述的说法，不正确的是（　　）。

A.对产品起解释说明作用

B.起引导重要信息的作用

C.在页面中从上到下延续使用

D.需要使用多种字体和字号，强化页面内容，提高转化率

2.下列关于好的商品详情页的说法，不合理的是（　　）。

A.详细的产品说明书

B.方方面面都要完美展示，因此不必考虑页面长度

C.是一个优秀的销售员

D.是完美的形象展示

3.下列哪一种文案不能迅速抓住消费者的兴趣点？（　　）

A.罗列卖点　　B.有突出的利益点

C.卖点极具新鲜度　　D.能激发好奇心

4.下列说法错误的是（　　）。

A.促销广告图不能形式大于内容

B.重要信息以第一主题的形式传递

C.促销广告图上可以放多重的主题信息，促销信息越多越能吸引人点击

D.重点文字可以适当加粗，使用高对比的色调突出

5.当设置好定时发布后，宝贝页面显示为（　　）。

A.即将开始　　B.立即购买　　C.交易关闭　　D.加入购物车

6.交易成功后（　　）天之内，双方均有权对对方交易的情况做评价。

A.30　　B.15　　C.7　　D.10

7.下列不属于宝贝细节图所展示的是（　　）。

A.材质　　B.做工　　C.设计　　D.背景

8.下列不属于SKU属性的是（　　）。

A.规格　　B.文案　　C.颜色　　D.尺码

9.下列不属于售后说明模块的是（　　）。

A.发货说明　　B.快递公司　　C.商品主图　　D.购物发票

10.在Photoshop中被称为万能抠图工具的是（　　）。

A.画笔工具　　B.钢笔工具　　C.吸管工具　　D.移动工具

二、实作题

制作商品详情页中的商品特点的图片效果，参考效果如图6-49所示。

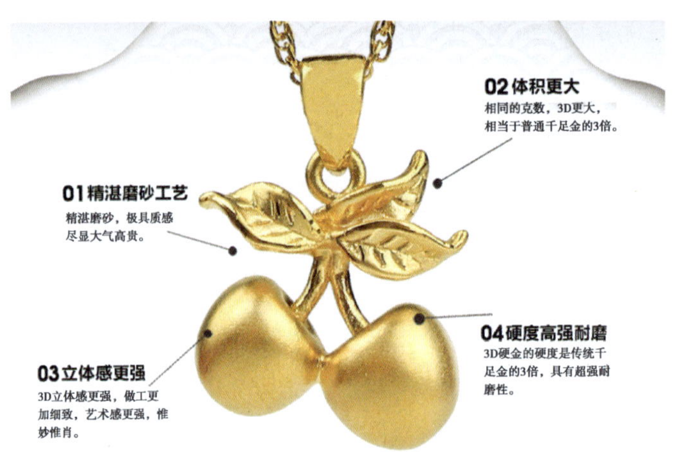

图 6-49　吊坠详情描述

◆ 项目评价

任　务	标　准	配分	得　分
设计商品详情页	能说出商品详情页的大致框架	20分	
	能说出商品详情页内容板块的选择标准	20分	
制作商品详情页	主题突出，焦点图有视觉冲击力	10分	
	板块间的分隔条制作精美	10分	
	商品详情页的背景和线条与商品图搭配协调	10分	
	商品相关属性（卖点）突出，不是内容的堆砌	10分	
	图片无失真和压缩变形、文字排版整齐	10分	
	有视觉焦点，温馨提示的内容完整	10分	
总　分		100分	

项目七
网店发布

【项目概述】

在王力师傅的指导下，李东已经能够制作网店的店招、店标、导航条、海报、主图、商品详情页等素材，接着李东需要学习在淘宝上申请的网店中上传前面制作的所有素材，完成网店装修的最后工作，并在淘宝网上发布网店。

【项目目标】

知识目标

+ 了解淘宝后台网店装修功能的基本使用方法；
+ 理解淘宝运营后台数据分析的意义；
+ 掌握访客数、转换率、浏览量的含义。

技能目标

+ 能够将店招、店标等素材上传到淘宝网店中；
+ 能用淘宝指数、生意参谋分析网店运营数据。

思政目标

+ 培养学生的创新意识；
+ 培养学生严谨的工作态度。

[任务一]

NO.1

发布“乐享办公用品旗舰店”

◆ 任务描述

李东看到网店装修的各种素材都制作完成了，非常兴奋，他迫不及待地想看到网店装修后的最终效果，跑到王力师傅面前，希望师傅尽快教他如何才能把这些素材上传到网店中，王力看他这么积极也非常高兴，现在他们将完成网店装修的最后工作。

◆ 任务实施

活动一　上传“乐享办公用品旗舰店”店招

将“乐享办公用品旗舰店”的店招上传到网店中的具体操作步骤如下：

①打开淘宝网店后台，进入淘宝网“千牛卖家中心”，如图7-1所示。单击“免费开店”，登录个人店铺账号，单击店铺管理下的“店铺装修”，如图7-2所示。

图 7-1　卖家中心

②进入“淘宝旺铺”界面，如图7-3所示。

③将“基础模块”中的“网店招牌”拖放到“页头区域”。单击“编辑”打开“网店招牌”对话框。“背景图”选择“上传新图片”，将制作的乐享办公店招图片添加到“淘盘”并选中保存，如图7-4所示。

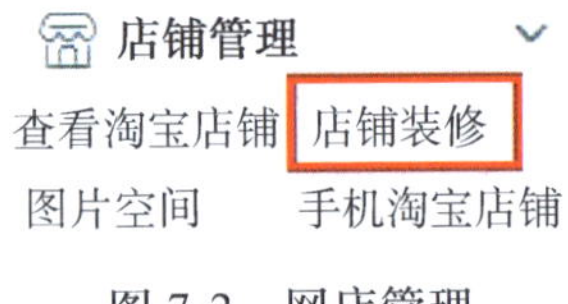

图 7-2　网店管理

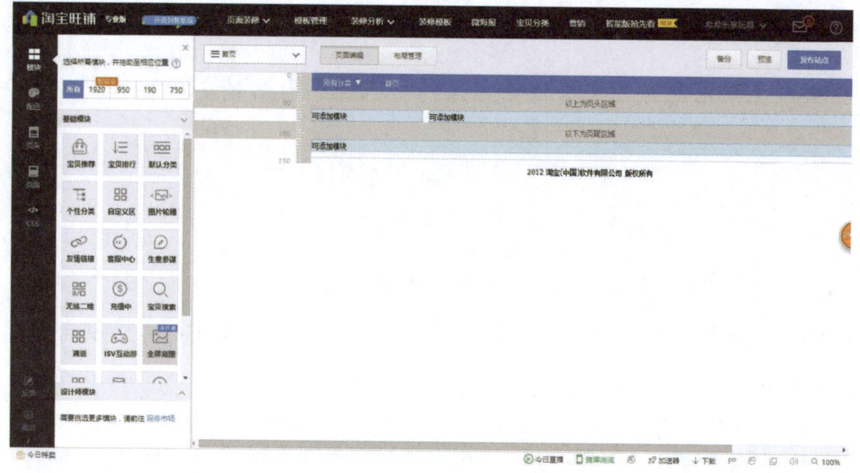

图 7-3 淘宝旺铺

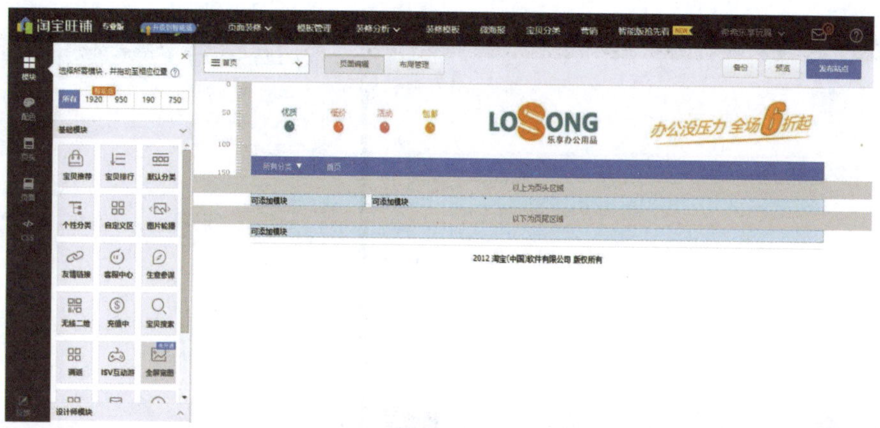

图 7-4 店招上传效果

阅读有益

淘宝和天猫的区别

天猫商城和淘宝网店的主要区别如下:

- 淘宝店是C2C网店,任何人都可以以个人名义开设,而天猫商城是B2C网店,必须是注册公司才能申请开设,并且还需缴纳保证金。
- 天猫商城可以买运费险,即无理由退货也可以理赔运费给买家,淘宝网店就没有。
- 天猫商场有强制要求的保障服务,而淘宝网店并不强制要求。
- 天猫商城还可以进行分销管理,扩大品牌知名度;而淘宝网店则不可以。
- 天猫商家必须每年缴纳技术服务费,年费金额以一级类目为参照,分为3万元或6万元两档,且是一次性缴纳,符合返还条件可以返还,返还的比例为50%和100%两档。淘宝网店则没有此项费用。
- 天猫商城采用的是网店动态评分体系,通过商品与描述相符、卖家的服务态度、卖家发货的速度、物流公司的服务4项指标来评判网店状况。淘宝网店除了有网店动态评分外,还有卖家信用指标,目前有心、蓝钻、蓝冠、金冠4个等级。

YUEDUYOUYI

做一做

请同学们设计并制作一个店招并上传到自己的个人店铺中。

活动二　制作“乐享办公用品旗舰店”导航条

按照上传店招的方法将制作的导航图片上传到网店中。

除了可以上传已经制作好的网店导航外，还可以在淘宝卖家中心直接制作导航条。具体操作步骤如下：

①将鼠标放到导航条上，单击“编辑”，打开“导航”对话框，如图7-5所示。

②单击“导航”对话框右下角的“添加”按钮，弹出“添加导航内容”对话框，如图7-6所示。

图 7-5　“导航”对话框

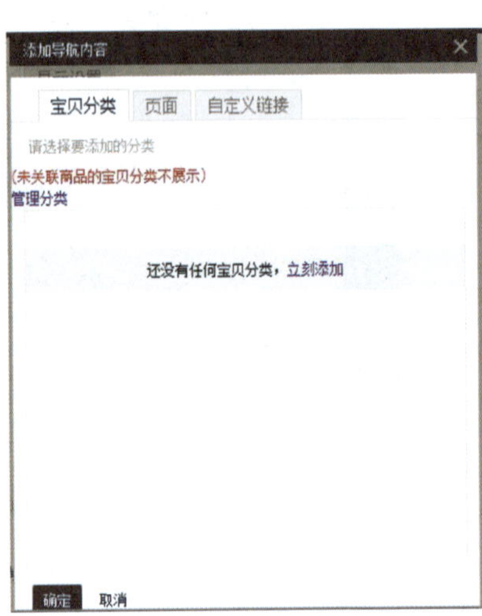

图 7-6　添加导航内容

③在“添加导航内容”对话框中单击“立刻添加”，打开“分类管理”对话框，如图7-7所示。

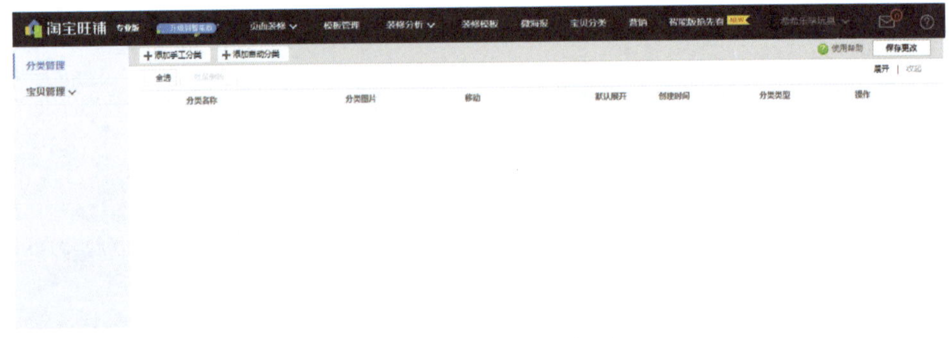

图 7-7　“分类管理”对话框

④在“分类管理”对话框中单击“添加手工分类”，弹出如图7-8所示界面。

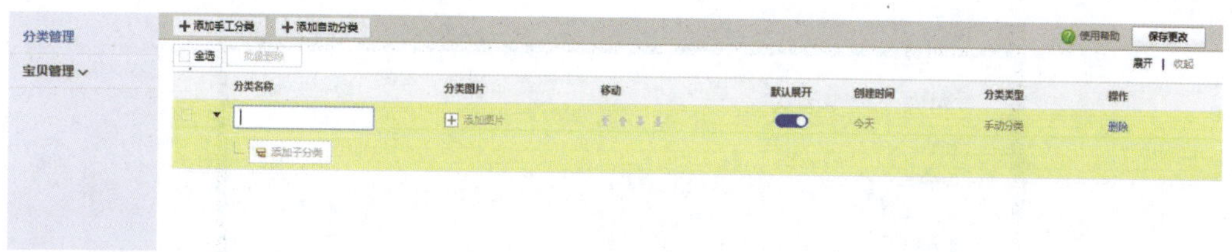

图 7-8　添加手工分类

⑤依次添加如下分类栏目，然后单击“保存”按钮，如图7-9所示。

图 7-9　添加分类栏目

⑥当再次打开“添加导航内容”对话框时，对话框中已经出现了刚才添加的导航栏目，如图7-10所示。

⑦在“添加导航内容”对话框中，勾选所有栏目，单击“确定”按钮，如图7-11所示。

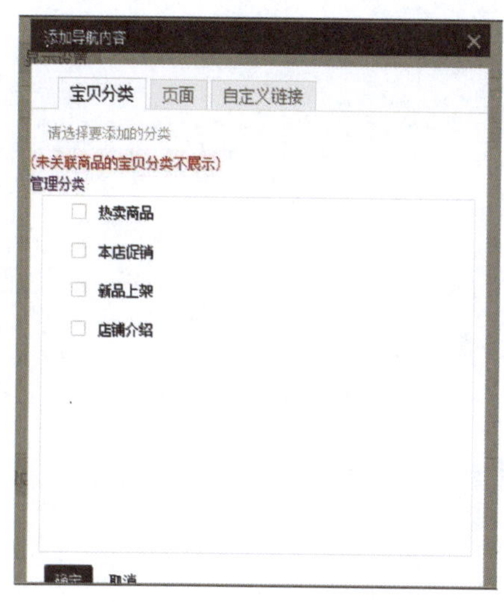

图 7-10　添加栏目

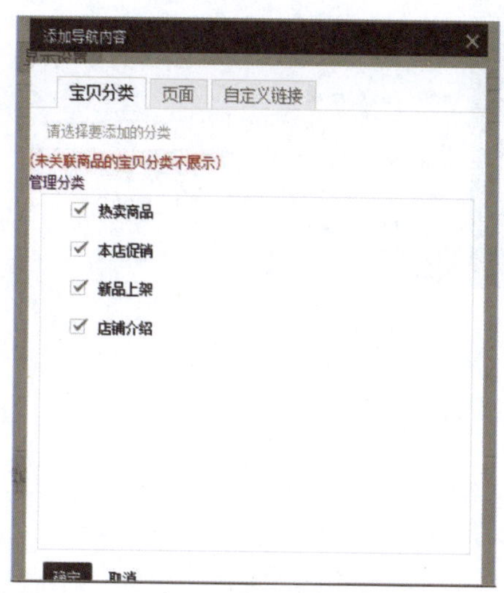

图 7-11　勾选所有栏目

⑧此时“导航”对话框中显示了添加的导航栏目，可以单击向上或向下的箭头来移动所添加栏目的顺序，如图7-12所示。

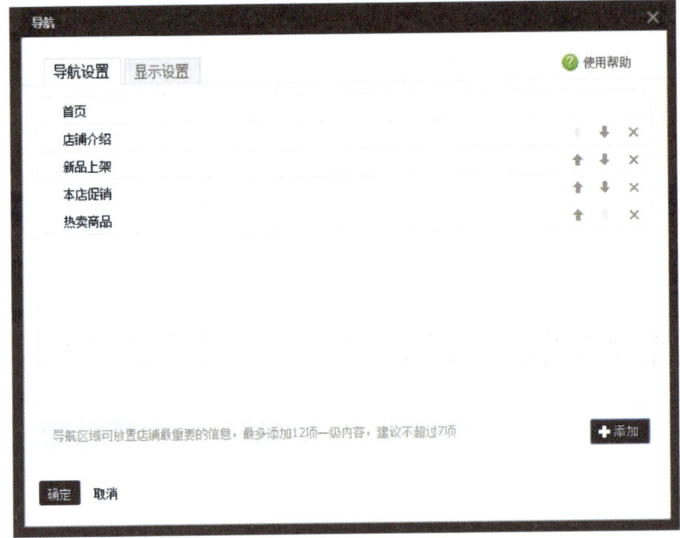

图 7-12　导航内容

⑨单击“确定”按钮完成制作，效果如图7-13所示。

图 7-13　首页导航条

做一做

请同学们在自己的个人店铺中制作一个导航条，自定义导航条的条目。

活动三　上传“乐享办公用品旗舰店”海报

将“乐享办公用品旗舰店”海报上传到网店中的具体操作步骤如下：

①将“模块”中的“自定义区”拖动到“页面编辑”的导航条下方，如图7-14所示。

图 7-14　自定义区

②单击自定义区的“编辑”按钮，弹出“自定义内容区”对话框，单击“插入图片空间图片”按钮，如图7-15所示。

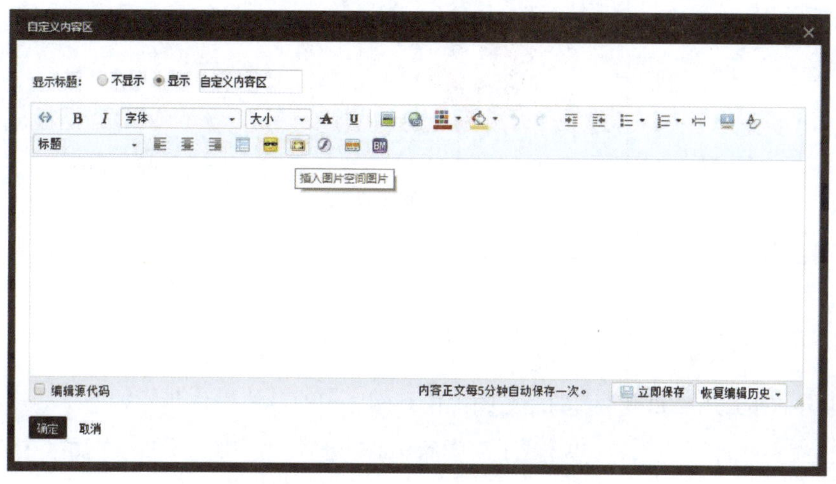

图 7-15　“自定义内容区”对话框

③选择“上传新图片”选项卡，单击“添加图片”按钮，选择前面制作完成的海报图片，单击“插入”按钮，如图7-16所示。

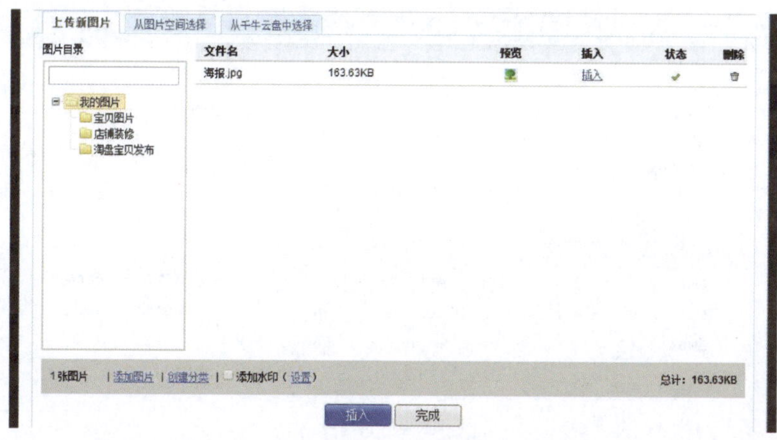

图 7-16　上传新图片

阅读有益

淘宝网店的海报如何全屏显示

从图7-17所示的效果图可以看出，上传的海报只占据了屏幕3/4的位置，没有实现全屏显示。如果想要海报全屏显示，可以通过以下操作实现，请扫描二维码了解详情。

图 7-17　海报预览

全屏海报

YUEDUYOUYI

活动四　上传“乐享办公用品旗舰店”商品主图

将“乐享办公用品旗舰店”商品主图上传到网店中的具体操作步骤如下：

①在淘宝网首页，登录后单击“千牛卖家中心”进入卖家中心页面。在卖家中心页面单击“发布宝贝”，如图7-18所示。

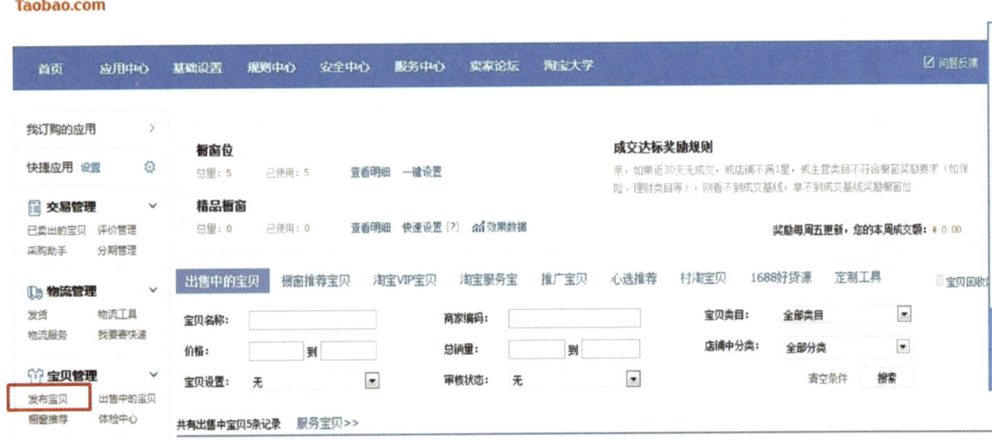

图 7-18　发布宝贝

②在弹出的对话框中有“一口价”“拍卖”“个人闲置”3个选项卡，如果是新售商品，选择“一口价”选项卡，接下来进行商品类型选择。如要上传“乐享办公用品旗舰店”的商品“文件架”，在搜索栏中输入“文件架”，列表框中会自动弹出该类商品所属类目，直接单击选择该类目即可，如图7-19所示。

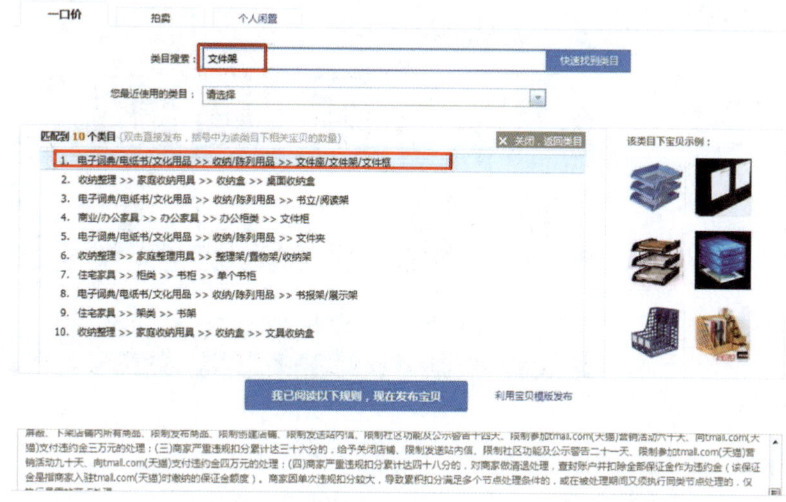

图 7-19　类目选择

③当选择了商品的文件类目后，下方“我已阅读以下规则，现在发布宝贝”按钮变为可用，仔细阅读淘宝规则后，单击该按钮，弹出“一口价商品”页面，可以根据商品基本情况进行“宝贝基本信息”填写了，如图7-20所示。

淘宝网
宝贝　店铺
输入您想要的宝贝　搜索
为提高亲们的发布效率，商品发布升级，详情请查看>>
一口价宝贝发布
类目：电子词典/电纸书/文化用品>>装订用品>>订书机　切换类目
1. 宝贝基本信息
*宝贝类型　全新　二手
*宝贝标题　0/60
宝贝卖点　宝贝卖点不在无线商品详情页中展示　0/150
宝贝属性　错误填写宝贝属性，可能会引起宝贝下架或搜索流量减少，影响您的正常销售，请认真准确填写！
*品牌　可直接输入　订书机类型
流行元素
*电脑端宝贝图片　宝贝主图大小不能超过3MB；700*700 以上图片上传后宝贝详情页自动提供放大镜功能。第五张图发商品白底图可增加手淘首页曝光机会　查看规范
宝贝主图　宝贝白底图　主图视频

图 7-20　填写商品基本信息

④当商品基本信息填写完成后，就可以上传商品的主图。单击“宝贝主图”中的加号，弹出“图片空间”对话框，选择“上传新图片”，选择存储在计算机里的商品主图图片，单击“上传”按钮即可，如图7-21所示。

图 7-21　上传主图

⑤当把所有信息填写完成后，单击“发布”按钮即可。这样就可以在店铺主页中看到刚刚上传的商品了，如图7-22所示。

图 7-22　商品展示

快乐成长

商品标题的命名

商品标题由多种关键词组成。

- 顶级关键词：由2~3个字组成，这类词都是属于淘宝热搜词，如女装、男装、连衣裙，这类词也可以看成是产品的商品名。
- 二级关键词：由3~5个字组成，这类词稍逊于顶级关键词的搜索热度，竞争力度也没有顶级关键词那么强烈，如修身T恤、纯色连衣裙、包邮女装，这类词也可以看成是由商品本身的属性词+产品的商品名或者店铺的促销词（如包邮、秒杀、特价）+产品的商品名。
- 长尾关键词：由5个以上的字或者词组成，这类词没有顶级关键词和二级关键词那么热门，搜索量也没有那么大，但是这类词的流量都是非常精准的，引导的成交量也非常大，如修身纯色T恤、春季修身连衣裙包邮。二级关键词和长尾关键词基本上是围绕着顶级关键词组合而成的，如修身纯色T恤中的"T恤"就是顶级关键词。

如需了解详细内容请扫描二维码。

KUAILECHENGZHANG

商品命名

任务拓展

请把"宜购生活用品旗舰店"的相关素材图片上传到淘宝网店并发布展示，查看网店效果是否满意。

[任务二] NO.2

网店运营数据分析

任务描述

王力师傅对李东说："李东，网店装修完后已经开始销售商品了，我们一起来看看网店的生意如何？"作为网店美工，也需要有基本的网店运营数据分析能力，才能更好地对页面进行优化。他们打开"乐享办公用品旗舰店"的卖家中心，发现已经有不少商品卖出去了，心里非常高兴。

任务实施

活动一　初识数据分析

一、数据分析的目的

当网店处于运营状态时，买家和卖家在交易的过程中会产生很多的数据，如买家的性别、年龄、购买商品的颜色等，这些数据可以通过淘宝后台的运营分析软件统计后以图表的形式呈现给卖家，如图7-23所示。

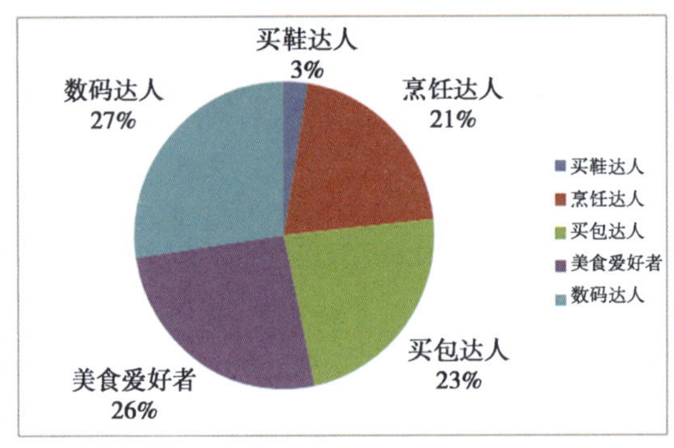

图 7-23　数据分析图表

数据分析可以帮助卖家了解店铺销售的趋势，如果每天进行定期跟进，就能及时调整促销方式及推广活动从而提高销售额；数据分析还可以帮助卖家确立销售目标，激励员工实现更高的销售额。

二、数据分析关键术语

下面以淘宝卖家“千牛”软件为例介绍如何进行店铺装修数据分析。

首先，在计算机或手机上下载“千牛”卖家官方版软件，安装软件后，使用淘宝账号和密码登录，“千牛”首页显示了“生意参谋”“经营数据”“流量趋势”等信息。现在简单介绍几个重要的数据。

1.访客数

访客数是指访问网店的人数，从图7-24中可以看出今天共有3个人访问了该网店。

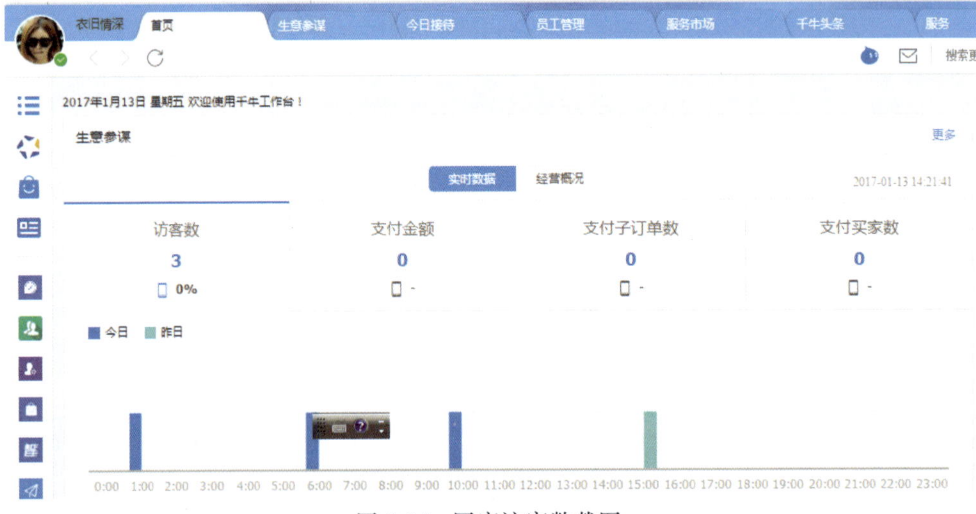

图 7-24　网店访客数截图

影响网店访客数的主要原因如下：

①网店名称或产品是否能通过搜索引擎快速找到。

②网店的商品是否具有吸引力，页面是否美观，信息量是否丰富。

③各种网络营销手段是否有效。

2.转化率

转化率就是到达淘宝网店并产生购买行为的人数和到达网店的总人数的比率，如图7-25所示。

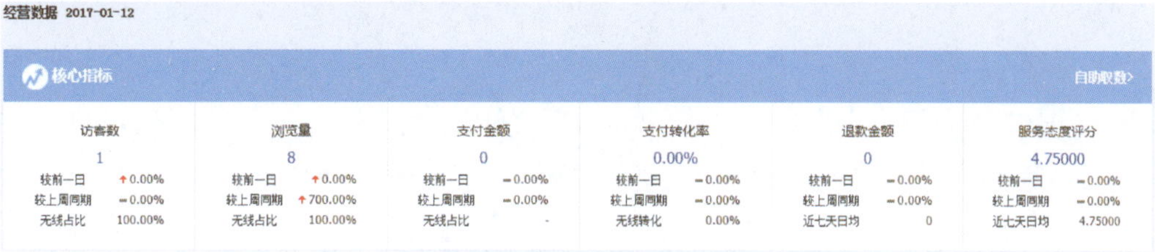

经营数据 2017-01-12

核心指标　　自助取数>

访客数		浏览量		支付金额		支付转化率		退款金额		服务态度评分	
1		8		0		0.00%		0		4.75000	
较前一日	↑0.00%	较前一日	↑0.00%	较前一日	−0.00%	较前一日	−0.00%	较前一日	−0.00%	较前一日	−0.00%
较上周同期	−0.00%	较上周同期	↑700.00%	较上周同期	−0.00%	较上周同期	−0.00%	较上周同期	−0.00%	较上周同期	−0.00%
无线占比	100.00%	无线占比	100.00%	无线占比	-	无线转化	0.00%	近七天日均	0	近七天日均	4.75000

图 7-25　网店转化率数据截图

转化率的计算方法为：转化率=（产生购买行为的顾客人数/所有到达网店的访客人数）*100%。

阅读有益

影响网店转化率的九大因素

• 商品描述　商品描述包括商品图片、描述文字和整体排版，首要条件是描述真实可靠。图片一般越清楚越能吸引顾客，拍摄的亮度和角度都要合适；不能只有文字描述，需要文字描述与图片结合，这样才能吸引顾客；整个排版要美观，而且顺序清晰。

• 客服的服务态度　客服人员要耐心、礼貌地回答顾客提出的问题，并能根据顾客提出的需求，向顾客推荐合适的商品。

• 议价　顾客都希望越优惠越好，在交流过程中，可能会出现讨价还价的情况，卖家一定要注意沟通方式。

• 下单　顾客拍下后没有及时付款，卖家催款时也要讲究方式。

• 售后服务　发货后，最好能够通过淘宝旺旺和短信的形式告知顾客，提醒收货。

• 网络速度　如果网速太慢或者页面内容太多，顾客没有耐心等待页面加载完毕，可能就已经关闭了页面。

• 定价策略　在同类产品中，尽量使价格比较优惠。

• 客户原因　顾客如果对于网络购物的操作不熟练，卖家可以耐心地进行讲解。

• 网店口碑　注重店铺评价和店铺评分的管理，尽量使店铺保持良好的声誉。

YUEDUYOUYI

3.浏览量

浏览量简称流量，表示有多少个网店页面被人浏览了，如果有5个人进入网店，每个人浏览了店内的10个页面，那么，浏览量就是50，如图7-26所示。

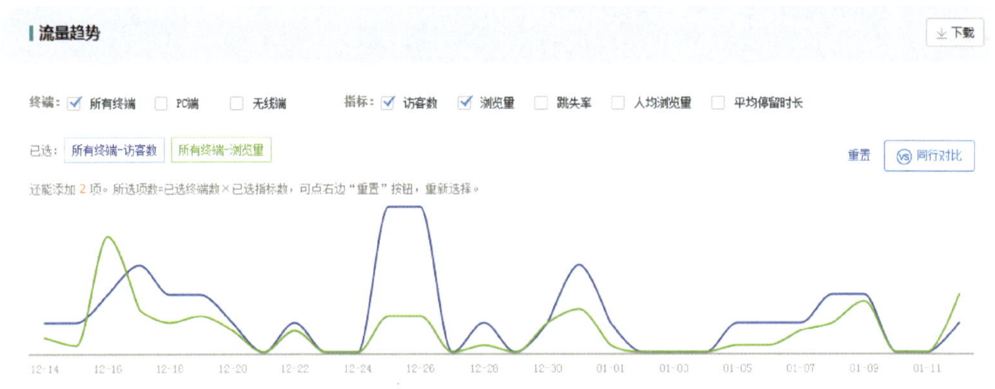

图 7-26　网店流量数据截图

网店的流量是网店商品销量的保证，没有流量是不可能产生销量的。因此，在网店经营过程中，最重要的是要保证拥有稳定的流量。影响网店流量的因素如下：

①网店的推广。决定网店流量高低的最大因素就是网店的推广，网店的推广做得越好，网店的流量就越大。网店推广需要针对目标客户进行有针对性的推广，才能获得较好的效果。

②商品的关键词。合适的商品关键词，能够使顾客在搜索引擎中非常方便快捷地找到卖家的商品，从而提高网店的流量。

③忠实顾客的数量。网店要保持稳定的流量，需要有忠实顾客的支持，因此网店的经营不仅需要开发新顾客，更需要不断积累自己的忠实顾客，忠实顾客的数量越多，就越有助于网店流量的提高。

说一说

请同学们说说你身边是否有经营淘宝店铺的朋友，他们是用哪些工具来进行数据分析的？

活动二　淘宝后台数据分析工具

作为网店店主和重点岗位的员工都应该学会剖析网店的各种数据。淘宝电商平台提供给了商家一些免费的和付费的淘宝店铺后台数据分析工具，如“量子恒道”“淘宝指数”“生意经”“数据魔方”“生意参谋”等。目前市场上也有一些公司开发了专业的数据分析软件，比较出名的有马克威、BDP、思迈特等。

一、淘宝指数

以“宠物用品”类目为例，先看几组数据，然后由数据切入到网店运营。“淘宝指数”会根据用户输入的关键词，得出相应的结果，如图7-27所示。

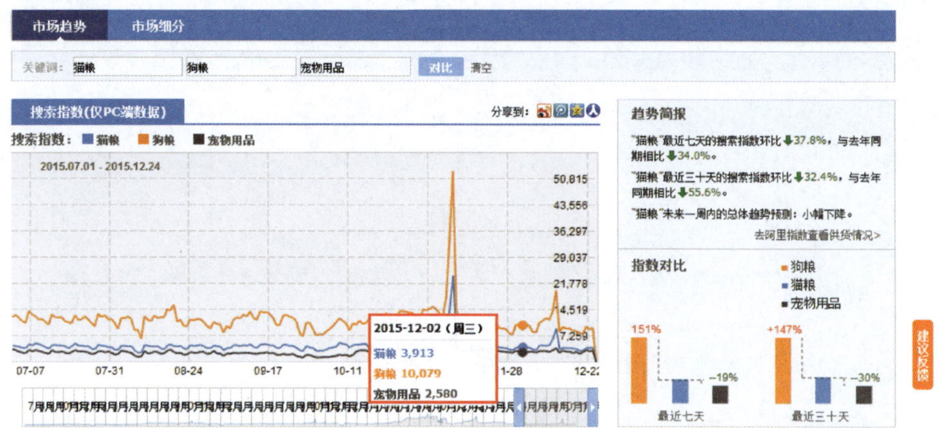

图 7-27　网店市场趋势图

从这些数据中，可以看出这类商品在我国的地域消费分布情况，如图7-28所示。

消费者

喜好度（TGI）排行

	猫粮	狗粮	宠物用品
省份	1 上海	1 上海	1 上海
	2 北京	2 江苏	2 内蒙古
	3 天津	3 天津	3 北京
	4 辽宁	4 河北	4 吉林
	5 重庆	5 浙江	5 辽宁
	6 江苏	6 安徽	6 黑龙江
	7 四川	7 北京	7 四川
	8 广东	8 山东	8 重庆
	9 黑龙江	9 河南	9 浙江
	10 湖北	10 湖北	10 江苏
城市	1 上海市	1 邢台市	1 包头市
	2 南京市	2 淮安市	2 金华市
	3 沈阳市	3 常州市	3 沈阳市
	4 北京市	4 连云港市	4 哈尔滨市
	5 大连市	5 无锡市	5 成都市
	6 无锡市	6 上海市	6 大连市
	7 佛山市	7 绍兴市	7 乌鲁木齐市
	8 江门市	8 金华市	8 上海市
	9 绍兴市	9 扬州市	9 长春市
	10 武汉市	10 南通市	10 常州市

猫粮　城市数据起止于：2016-07-01/2016 12-24
狗粮　城市数据起止于：2016-07-01/2016 12-24
宠物用品　城市数据起止于：2016-07-01/2016 12-24

图 7-28　商品地域信息细分图

当在搜索栏分别输入"宠物用品"和"狗粮"作为关键字，单击"搜索"按钮，选择"市场细分"页面，可以看出与"宠物用品"和"狗粮"相关的词的搜索量情况，从而可以指导卖家调整销售货品，安排促销活动等，如图7-29和图7-30所示。

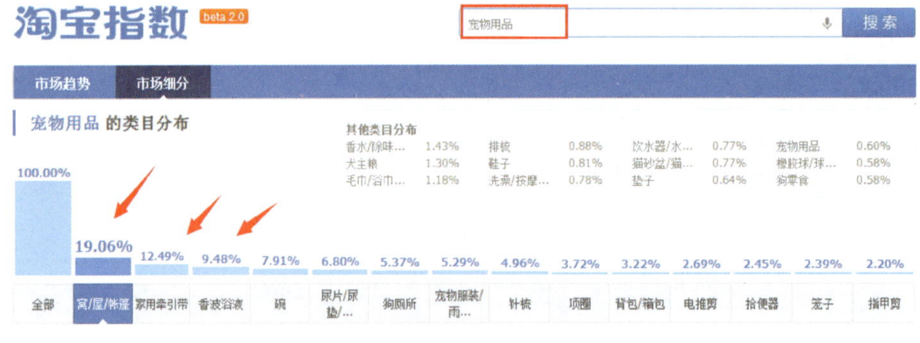

图 7-29　宠物用品的市场细分图

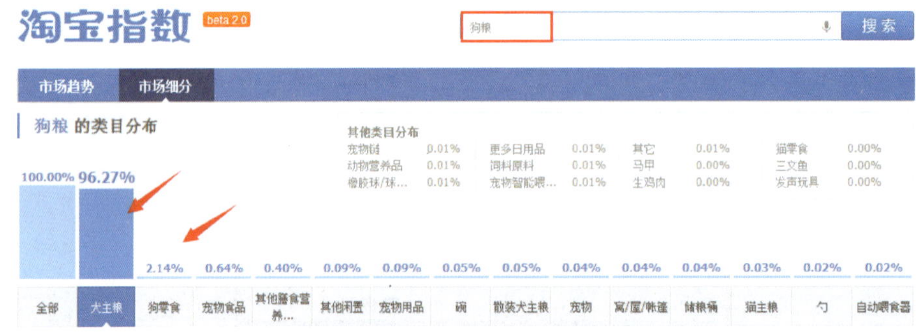

图 7-30　狗粮的市场细分图

二、生意参谋

生意参谋是集量子恒道、江湖策、数据魔方为一体的实操性软件，其中最有特点的功能是创意营销。

创意营销包含单品营销（从浏览、收藏、下单、支付、宝贝本身特征）、多品营销（选品、建议套餐价、人群特征）、全店优惠（全店当天客单价、全店价格区间）。这几个方面能相对准确地定位出网店的价格、折扣、优惠券等一系列的关联销售，定位每个类目、每个属性同每个关键词的精准匹配。还是以狗粮为例，图7-31和图7-32所展示的是两家淘宝店的狗粮销售情况，两家店销售同一款狗粮，价格相差无几，但是销量却相差悬殊。图7-31中的店铺将产品属性全部都补充完毕，并加上创意营销“该商品参加了公益宝贝计划，卖家承诺每笔交易将为爱心包裹贫困儿童关爱行动捐赠0.02元”，从而产生了238个成交记录。图7-32中的店铺只对带*号的必填属性进行了填写，其他属性并没有填写，如“食品口味”“货号”“宠物体型”等，也没有任何创意营销手段，因此只有10条成交记录。

以前淘宝的搜索工具是先从标题里面提取文字，现在变为先从产品属性里面提取文字，因此建议商品属性一定要尽量补充完整，如果再加上适当的创意营销手段，这样的商品被消费者搜索到的概率会更大，也会为卖家带来更多的成交记录。

图 7-31 第一家店的销售情况

图 7-32 第二家店的销售情况

◆ 任务拓展

寻找“儿童电话手表”热销爆款，并提出推广、促销建议。

◆ 项目小结

通过本项目的学习，我们知道了店铺装修的效果将直接影响店铺的销量。将店铺发布到网上只是完成了网店装修，在店铺营运过程中，还要使用数据分析工具对店铺的运营状态进行分析，从统计数据中总结出店铺存在的问题，从而“对症下药”，才能最终提高店铺的销量。

◆ 项目检测

一、填空题

1.如果要将制作好的店招上传到网店中，则应在淘宝后台的__________中进行。

2.如果要进入淘宝网店的“店铺装修”页面，则需要进入淘宝网的_________，单击“免费开店”。

3.上传店招需要在__________对话框中编辑。

4.如果要上传商品详情，则需要在“卖家中心”页面单击__________。

5.当把商品所有信息填写完成后，单击___________就可以在店铺主页中看到刚刚上传的商品。

6.__________是指访问网店的人数。

7.__________就是访问网店并产生购买行为的人数和访问网店的总人数的比率。

二、多选题

1.网店数据分析的目的有（　　）。

A.了解店铺销售的趋势　B.能及时调整促销方式及推广活动

C.确立销售目标　D.激励员工实现更高的销售额

2.影响网站访客数的主要因素有（　　）。

A.店铺名称　B.店铺内容　C.店铺装修　D.店铺推广

3.下列哪些因素会影响到网店的流量？（　　）

A.网店推广　B.商品关键词　C.忠实顾客的数量　D.客服人员

4.商品基本信息包括（　　）。

A.商品标题　B.商品卖点　C.品牌　D.商品图片

5.影响网店转化率的因素有（　　）。

A.商品描述　B.客服态度　C.议价　D.下单

6.淘宝网提供给商家的淘宝店铺后台数据分析工具有（　　）。

A.量子恒道　B.淘宝指数　C.生意经　D.数据魔方

◆ 项目评价

任　务	标　准	配分	得　分
发布“乐享办公用品旗舰店”	成功上传“乐享办公用品旗舰店”店招	10 分	
	成功上传“乐享办公用品旗舰店”导航	10 分	
	成功上传“乐享办公用品旗舰店”海报	10 分	
	成功上传“乐享办公用品旗舰店”商品主图	10 分	
网店运营数据分析	会使用“千牛”软件	10 分	
	能阐述网店访客量的含义	10 分	
	能阐述网店转化率的含义	10 分	
	能阐述网店浏览量的含义	10 分	
	能用生意参谋进行网店的数据分析	10 分	
	能用淘宝指数工具进行网店的数据分析	10 分	
总　分		100 分	